ゴルフで覚える
ドラッカー

飯田 利男
（ドラッカー学会会員
明治大学客員研究員）

JN204669

ゴルフダイジェスト社

練習が成果に結びつく〃究極の成長回路〃
ゴルフ・マネジメント学習法

何をするの?
独自の練習記録で自分をマネジメント。

「フィードバックシート」「セルフチェックリスト」という2種類の方法で練習記録をつけていきます。

普通の手帳やノートがあれば、すぐに実践できます。

フィードバックシート ※

4つの視点で記録

[アドレス　　]	[ビジネスゾーン　　]
前傾姿勢を意識する	グリップの力みを抜く
頭が下がるときがある。 アゴを直立時と同じ角度に 維持すると猫背にならない	●グリップの力みは抜けた ●前傾姿勢を保持すると ダフリが怖い!
[アプローチ　　]	**[マインドセット　　]**
ショットと同じアドレスで 距離感を掴む	前傾姿勢が取れたら 絶対大丈夫! 他は完璧!
アプローチもグリップに 力みがあるとダフる	トップスウィングの時、 どうしてもダフリの 恐怖心が出てしまう

●グリップの力みはとれた。ヘッドが走り距離10%UP
●ダフリの恐怖心をとるために、言い聞かせワードを変更する
「失敗してもいい。練習でやり切っておこう!!」

セルフチェックリスト

ポイントをリスト化

日付	テーマ	ポイント
2016/8/27	バックスウィング	右臀部の力みで回転不足 ⇒ 手打ちの原因
2016/9/6	球筋	打ち出し右、更にスライス。アドレスとインパクトの問題 はぁ――――
2016/9/21	スウィング	足腰の力みで回転不足　温泉に浸かった気分
2016/9/21	スウィングプレーン	背骨を軸とした回転は、頭下がりの錯覚を呼ぶ　恐怖心との戦い
2016/10/9	スウィングプレーン	背骨を軸とした回転はスクェア。地面と水平回転は間違い
2016/10/17	アドレス	テイクバックで頭下がりは猫背のせい

をベースに、ゴルフ練習用にアレンジしたものです。

どんなしくみ?

ドラッカー流の学習メソッドをゴルフ練習用に最適化。

次の4ステップに沿って練習記録(フィードバックシート)をつけて、
「核となる課題」の見極めを続けていくことで、練習を成果へと結びつけます。
そのメカニズムは、以降のページでじっくり解説します。

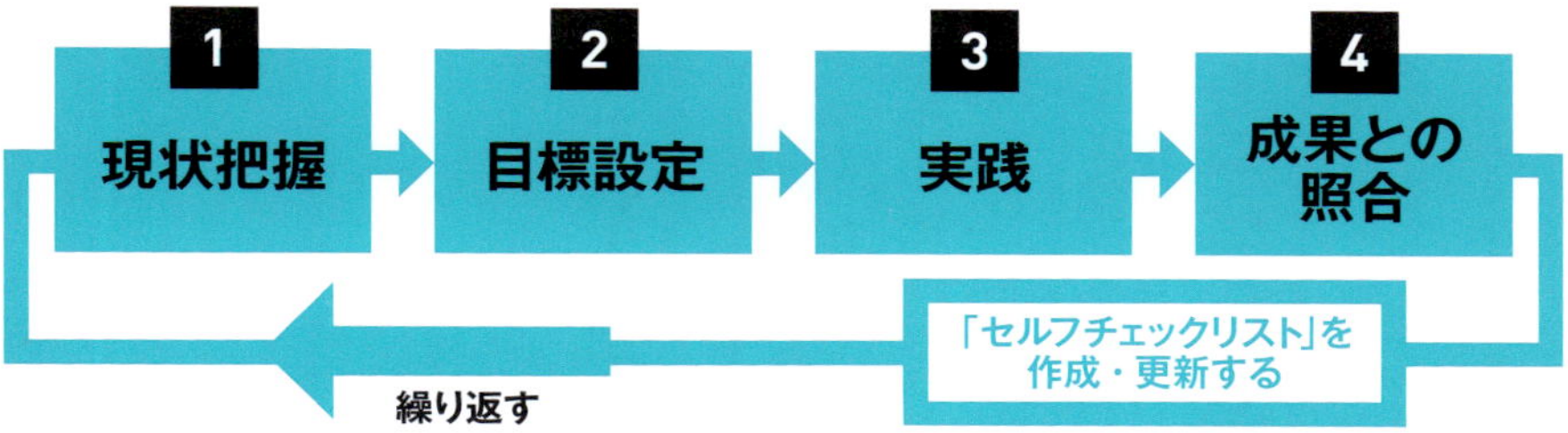

Keyword ❶ 上達の永久機関「フィードバック」

自分の現状をふまえて、目標を設定し、実践して、必ず成果と照合します。

Keyword ❷ 努力を成果へと導く「核となる課題」

今の自分にとって最も重要なポイントを見極め、そこに集中します。

Keyword ❸ 成果・発見を集約した「セルフチェックリスト」

成功体験や反省点などをリスト化し、自分自身の特性を把握します。

Keyword ❹ 集中のスイッチとなる「言い聞かせワード」

腹落ちするキーワードで、自分の頭の中のイメージを体に実行させます。

ここがスゴイ! ゴルフ・マネジメント学習法

LET'S TRY!

- 練習が成果に結びつくようになる!
- スキルとマインドの両面が安定!
- ゴルフ以外のことにも応用できる!

※「フィードバックシート」は、『自らをマネジメントする ドラッカー流「フィードバック」手帳』(井坂康志/かんき出版)

第1章

あなたのゴルフが上達しない理由

第2章

ビジネスにもゴルフにも役立つ「ドラッカーの考え方」

第3章 ドラッカーを応用した「ゴルフ・マネジメント学習法」

第4章

「ゴルフ・マネジメント学習法」の実践手順

カバーデザイン　三浦哲人　　カバーイラスト　秋本尚美

なぜ「ゴルフでドラッカー」なのか

この本を手に取られた方は、きっとゴルフが好きなだけでなく、マネジメントにも興味があるのではないでしょうか。

そうであれば、あなたはラッキーだと思います。なぜならこの本を読めば、好きなゴルフとドラッカーのエッセンスを一度に学べるのですから。

私はプロゴルファーでもなければ、インストラクターでもありません。ごく一般的な会社員です。そんな私がゴルフの本を出版したのは、ドラッカーの考え方をベースにした独自の「ゴルフ・マネジメント学習法」により、短期間で驚くべきスコアアップに成功したため。還暦を迎えたスコア110前後のゴルファーである私が、わずか半年で80を切るまでに上達したのです。

ゴルフを愛する者として、ドラッカーを学ぶ研究者として、ドラッカーの叡智をゴルフの上達に役立てるとともに、ゴルフを楽しみながらドラッカーを学べるようにしたい。そう考えて書き始めたのがこの本です。

ここで、私の〝ドラッカー歴〟を簡単にご紹介します。私は名著『経営者の条件』（ダイヤモンド社）でドラッカーに関心を持ち、職場でドラッカー流のマネジメントを実践。試行錯誤を重ねるうちに、ささやかながら成果を実感できるようになりました。そして、より学びを深めるために、２０１４年からドラッカー学会に参加。２０１６年には本書の原典ともいえる『自らをマネジメントする ドラッカー流「フィードバック」手帳』（井坂康志／かんき出版）と出会いました。

私のドラッカー研究者としてのキャリアは、決して長くはありません。ただ、私はとにかく「学びを実践すること」に注力してきました。実践し、結果を考察して、次のチャレンジに生かす。その繰り返しによってこそ、「ドラッカーの真意」に到達できるのではないかと考えています。

「還暦の会社員が半年で80切り！」というできすぎな成果を見て、「ウソなんじゃないか？」「特殊なケースだろう」と思われるのが普通でしょう。しかし、私が上達したのは事実です。そして、私のゴルフ仲間もまた、この「ゴルフ・マネジメント学習法」を実践してめざましい成果をあげています。大手進学塾に勤めるゴルフ仲間によると、進学塾で用いられる学習メカニズムと私の練習法には共通点が多いそうです。

はじめに

上達する方法を知った今、この「ゴルフ・マネジメント学習法」を編み出す前の私が30年以上、110前後をウロウロしていた〝上達しなかった理由〟が痛いほどよくわかります。とくに重要な反省点が4つあり、これを1章にまとめていますので、ぜひ参考にしてみてください。

ちなみに、この「ゴルフ・マネジメント学習法」はさまざまな競技やビジネスに応用できると確信しています。まずは、ゴルフで成果を実感しましょう！　あなたのゴルフの上達は、あなたがドラッカーのエッセンスを理解した証となるのです。

私は、ドラッカーをベースにした
「ゴルフ・マネジメント学習法」で成果をあげるとともに、
それまで実践していた練習法の4つの問題点に気がつきました。
ゴルフが上手くならないあなたもきっと、
この4つのいずれかに、心当たりがあるのではないでしょうか？

第1章

なぜ、あなたのゴルフは上達しないのか？

基本的なこととして、成果すなわち仕事からのアウトプットを中心に考えなければならない。技能や知識など仕事へのインプットからスタートしてはならない。それらは道具にすぎない。

『マネジメント』エッセンシャル版（ダイヤモンド社）P62より

あなたのゴルフが上達しない理由①

目標・課題に焦点が合っていない

●受け身レッスンの危険なワナ

あなたは、プロのワンポイントレッスンをうのみにして〝試しては止める〟を繰り返していませんか？　あるいは、自分より上手なゴルフ仲間たちから、練習のたびに違うアドバイスを受けていませんか？

あるインストラクターから、興味深い話を聞きました。

「本来、インストラクターがすべきことは、受講生の特性や状態を的確に把握して、それを本人に気づかせることです。異なる特性を持つ受講生たちに、一つの型を押しつけても上達しません。残念ながら、そういうインストラクターが多いのですが……。練習というのは、一人ひとりが〝今の自分に必要なこと〟を考えてやらなければ意味がないのです」

ワンポイントレッスンは、あくまでも一般論であり、あなたにそのまま当てはまるとは限りません。また、ゴルフが上手な人たちの気まぐれなアドバイスをそのつど真に受けていたら、あなたのゴルフは迷走してしまうことでしょう。そうした〝受け身レッスン〟を30年以上続けた私が、身をもって体験したことです。

そもそも人によって、レッスンの前提条件が異なります。筋力、骨格、柔軟性、癖、性格など、人による違いを挙げればきりがありません。もしゴルフに絶対的な1つの正解があるのなら、プロはみなまったく同じフォームをして、まったく同じ練習をしているでしょう。でも実際はどうでしょうか？

●なぜプロは専属コーチを雇うのか？

ゴルフでもその他のスポーツでも、専属コーチをつけているプレーヤーがいます。なぜ一流のプレーヤーが、わざわざ人を雇い、アドバイスをもらうのでしょうか？

専属コーチの価値は、「プレーヤー本人よりも、プレーヤーのことをよく把握している」ということに尽きると思います。その結果、的確なアドバイスや適切な練習メニューを提示できるのです。

適切な練習メニューは、「その時点のその人にとって最も重要なポイント」に焦点が合っている練習メニューです。そのためには、その人の特性や状態を、時間をかけて注意深く観察し、理解しなければなりません。ここに焦点が合っていない練習は、ゴールとは違う方向へ走っているようなものなのです。

本書が目指すのは、「自分自身の優秀な専属コーチ」になることにほかなりません。そのために必要なのが、「今の自分にとって最も重要なポイント」を見極めること。私はこのポイントを「核となる課題」と名付け、本書の重要なテーマに位置づけています。

Keyword
「核となる課題」➡第3章p53で詳しく解説！

あなたのゴルフが上達しない理由②

1回1回の練習が、線としてつながっていない

●前回の練習を覚えているか？

前回の練習でようやくコツをつかんだのに、次の練習ではすっかり元に戻っている……。これでは、いくら練習しても、いっこうに上達しません。1回1回の練習、小さな努力の積み重ねをムダにしないためには、記録することが肝心です。

練習の記録には次の3つの意味があります。

あなたのゴルフが上達しない理由②

1回1回の練習が、線としてつながっていない

1つめは集中です。

練習前に目標を設定し、そこに焦点を絞って練習を行います。「今日の練習では、何をするのか?」を明確にしておくこと、しかもそれを書きとめておくことが肝心です。頭で思い描いているだけでは、練習中のふとした拍子に忘れてしまいます。また、練習後に振り返りをしようにも、そもそもの目標に焦点を絞らないと効果的な振り返りになりません。

2つめは再現です。

練習の成果・発見をメモして忘れないようにし、再現できるようにします。練習が終わったら、事前に設定した目標についての成果・発見を、そのとき感じた感覚やイメージとともに、必ず記録しましょう。忘れっぽい人は、練習中に書きとめておくのがおすすめです。気づいたことを、そのときの感触が残っているうちに記録しておくほうが、後で再現しやすくなります。

3つめは分析です。

一定期間ごとに振り返り、現在にいたる経緯をチェックします。こうした記録がまったくないと、過去を振り返りながら的確な分析をすることができません。新たな目標を設定する際も、現在にいたる経緯をふまえて設定しないと、的外れなものになりやすいのです。

また、スランプに陥ったときに、過去にうまくいっていたときの記録が、スランプ脱出の

手がかりになることもあります。

●合理的な練習記録で成果を最大化

せっかく練習記録をつけていても、気づいたことを漠然とメモしているだけの人をよく見かけます。何も記録しないよりはマシですが、どうせなら成果に結びつく形で記録しましょう。手間はほとんど変わりません。

ポイントは「目標を設定して、振り返りを行うこと」。地道な作業ではありますが、これを愚直に実践し続け、凄まじい成果をあげたのが、ほかならぬドラッカーなのです。ドラッカーは、これを「フィードバック」と呼びました。

Keyword

「フィードバック」

⬇第2章 p40、第3章 p54で詳しく解説！

あなたのゴルフが上達しない理由③

自分自身の特性を把握しきれていない

●小さなミスから大きく崩れてしまう

ゴルフはいったん崩れ始めると、負のスパイラルが止まらないものです。

たとえば、ティショットで大きくスライスしてOBを出した後、再びアドレスをし直してショットしたのに、また同じ方向にOB……。再度打ち直したら、今度は左にひっかけて、チーピンでチョロ……。この時点で完全に心が折れてしまうのではないでしょうか？

ミスには必ず原因があり、それに応じた対処法があります。対処法を誤るうちに、症状は悪化していきます。アドレスを修正しないといけないのに、バックスウィングやトップの位置を意識して修正しても、さらに悪いスウィングになってしまうようなものです。

適切な対処法を見極めるために、知っておくべき大切な要素があります。

それは自分の特性です。

●技術面・心理面の拠り所が必要

安定して実力を発揮できる人は、数多くの練習・ラウンド経験をもとにした「自分用のチェックポイント」を持っています。「チェックポイント」として自分のさまざまな特性を自分自身で把握しておくと、それが「いつでも戻れる場所」となり、技術面・心理面の支えになるのです。

トーナメントを観戦すると、ティグラウンドで肩や腰の方向と回転をチェックするような動作をするプロを見かけることがあります。これはそのプロにとっての「自分用のチェックポイント」だといえるでしょう。

調子が悪いとき、崩れ始めたときは、このチェックポイントと照合すれば、適切な修正作業を行えます。こうして「技術面における安定感」を確保することは、「心理面における安心感」にもつながるのです。

私は、練習の成果・発見を集約した「セルフチェックリスト」をつくることを推奨しています。これがあれば、プレーが安定するだけでなく、1打1打のミスショットすら上達の糧になっていくのです。

Keyword
「セルフチェックリスト」
⬇第3章p60で詳しく解説！

あなたのゴルフが上達しない理由④

頭で理解していても、体が連動していない

●今ここに集中することの大切さ

「知っている」と「できる」は別物です。「方法は知っているのに、うまくできなかった」という経験は、ほとんどの方があるでしょう。

たとえ「知っている」ことでも、そのときに意識していないことは、たいてい実行されません。例えば「前傾姿勢を心掛けよう」と思っていても、「いい球を打とう！」と思った瞬間、スウィングに意識を奪われ、いつの間にか前傾姿勢のことを忘れてしまう……。

練習に練習を重ね、無意識のうちに実行できるようになれば、それに越したことはありません。ただ、練習を重ねている段階では、意識のコントロールが不可欠になります。そ

の日の練習・ラウンドで、「自分は何に集中してゴルフをするのか」をしっかり自覚しておかねばなりません。

人間が同時に強く意識できるのは、せいぜい3～4つです。そのため、練習前・ラウンド前に「意識すべきこと」を3～4つに絞り込む必要があります。

●集中するためのスイッチを持つ

ラウンド中は、さまざまな雑念に心を奪われます。「ここでミスったらまずい」「みんなが見ているから、いいところを見せたい」など、目先のことにとらわれてしまうのは日常茶飯事でしょう。

状況に応じて自分の意識をコントロールすることは、アスリートにとっての重要なテーマの一つ。直前まで違うことを考えていても、次の瞬間にスイッチを切り替え、「今ここで最も意識すべきこと」に焦点を合わせるのです。

そのためには、どうすればいいのでしょうか。簡単です。自分自身に言い聞かせましょう。自分自身に深く刺さるようにするには、〝自分の言葉〟で言い聞かせることが肝心です。私はこれを「言い聞かせワード」と名付けました。

あなたのゴルフが上達しない理由④

頭で理解していても、体が連動していない

もう一つ重要なのが、この「言い聞かせ」を習慣化することです。「言い聞かせを忘れたせいで、意識するのを忘れていた」では笑うに笑えません。

Keyword

「いい聞かせワード」

⬇第3章 p64で詳しく解説！

1章のおさらい

【あなたのゴルフが上達しない理由】

1 目標・課題に焦点が合っていない

状況
プロのワンポイントレッスンや、自分より上手なゴルフ仲間からの気まぐれなアドバイスに翻弄されている。

対策
「今の自分にとって最も重要なポイント」はどこかを見極める。

やること
最も重要なポイントである「核となる課題」に焦点を絞る。ここに焦点が合っていない練習は、ゴールとは違う方向へ走っているようなもの。

2 1回1回の練習が、線としてつながっていない

状況
前回の練習でようやくコツをつかんだのに、次の練習ではすっかり元に戻っている。

対策
練習の目標を設定し、成果・発見などを記録する習慣をつける。

やること
練習前に目標を設定し、練習後にそれを振り返り、成果・発見を記録する。記録を一定期間ごとに振り返り、その経緯をチェックする。

3 自分用のチェックポイントを持っていない

状況
小さなミスをきっかけとして、大きく崩れてしまうことが多い。

対策
自分用の「チェックポイント」として自分のさまざまな特性を自分自身で把握しておけば、それが「いつでも戻れる場所」となり、技術面・心理面の支えになる。

やること
調子が悪いとき、崩れ始めたときは、自分用の「チェックポイント」と照合することで、修正作業を行う。

4 頭で理解していても、体が連動していない

状況
成功するための方法は知っているのに、うまく実行することができない。

対策
「知っている」ことでも、そのときに意識していないことは、たいてい実行されない。「今ここで最も意識すべきこと」に焦点を合わせる。

やること
自分自身に深く刺さる言葉、「言い聞かせワード」で自分の意識をコントロールする。

ドラッカーは物事を学び成長する人たちへ、
数多くのヒントを与えてくれます。
この章ではまず、ドラッカーとはどんな人物なのか、
そしてドラッカーならではの考え方について、
できるだけシンプルに紹介していきましょう。

第2章

ビジネスにも ゴルフにも役立つ 「ドラッカーの考え方」

自らの学び方がどのようなものであるかは、かなり容易にわかる。
得意な学び方はどのようなものかと聞けば、ほとんどの人が答えられる。
では実際にそうしているかと聞けば、そうしている人はほとんどいない。

『プロフェッショナルの条件』（ダイヤモンド社）P115より

ドラッカーってどんな人？①

マネジメントの父として知られる賢者

●時代を超えるドラッカーの叡知

ドラッカーは「マネジメントの父」とも称される、20世紀を代表する知性です。１９０９～２００５年の変化に満ちた時代を生き、執筆活動を軸に経営コンサルタントや大学教授として活動。「マネジメント」の体系化をはじめ、「マーケティング」や「イノベーション」といった概念の礎を築き、後世のビジネスシーンに多大な影響を与えています。

とくに経営者に与えた影響は計り知れません。ＧＭ（ゼネラルモーターズ）のアルフレッド・スローンやＧＥ（ゼネラル・エレクトリック）のジャック・ウェルチといった伝説的な経営者たちがドラッカーに学び、近年でもファーストリテイリングの柳井正会長は熱心なドラッカー愛読者として知られています。

次々と新しい情報が出ては消えていく現代においても、ドラッカーに学ぼうという人は後を絶ちません。それは、単なる一時代のビジネス論ではなく、時代を超える叡知を授け

マネジメントの父として知られる賢者

てくれるためです。とくに「人と社会」についての鋭い考察はドラッカーの真骨頂であり、それゆえに思想家としても高い評価を受けています。

●さまざまな意味を持つ「マネジメント」という言葉

マネジメントという単語は一般名詞として、日常でもよく使われます。当然ながら、ドラッカーの「マネジメント」とは違う意味で使われることもあるでしょう。英語の「management」は、日本語で「管理」などと訳されることが多いものです。そのため、マネジメントに対して、「人を支配するシステム」「部下を操るノウハウ」といったネガティブなイメージを持っている方もいるかもしれません。

しかし、ドラッカーの「マネジメント」は全く異なります。簡単にいえば、「組織で成果をあげるために、一人ひとりがどうあるべきか」「一人ひとりが強みを発揮するために、組織はどうあるべきか」。これらを考えるヒントを与えてくれるのがドラッカーなのです。

ドラッカーは多数の著書のなかで、企業はもちろん非営利組織のマネジメント、さらにはセルフマネジメントについても言及しています。本書で提唱している「ゴルフ・マネジメント学習法」は、セルフマネジメントに関するドラッカーの叡知を元に、ゴルフ練習用として独自に体系化したものです。

ドラッカーってどんな人？②

ドラッカーの本質は〝物見の役〟

●ドラッカーの本職は「観察すること」

ドラッカーは、経営コンサルタントとして世界的にその名を知られていました。しかし、彼の主な関心事はビジネスではなく、「人」「社会」でした。実際「マネジメント」は「人」「社会」の一要素であり、ドラッカーの研究領域の一部にすぎません。

彼は自らを〝物見の役〟として位置づけ、観察し続けることに徹しました。その中で、社会の小さな変化、人の変わらない本質を見極めて、世に伝えていたのです。

アメリカの巨大企業GM（ゼネラルモーターズ）を丹念に取材して、『企業とは何か』という書籍を書き上げ、これが「マネジメント」の礎になりました。つまり「マネジメント」は、ドラッカーが自分の頭の中だけで組み立てた理論ではなく、現実の観察の結果なのです。

ドラッカーの本質は“物見の役”

●よきアドバイザーだったドラッカー

「マネジメント」を体系化したドラッカーは、数々の企業トップからコンサルティングの依頼を受け、その期待に応えていました。ではドラッカー自身が一流の経営者なのかといえば、彼はあくまでも経営のコンサルタントです。よく「人に言うなら、自分でやってみろ」といわれますが、「自分自身で上手に実践する能力」と「他者に的確なアドバイスを送る能力」はまったくの別物だといえます。

スポーツにおいても「名選手、名監督にあらず」という言葉が知られているように、恵まれた身体能力や天性のカンによって上手にこなしてしまう人は、「的確なアドバイスを送る能力」を備えていないのかもしれません。

●自分自身の優れたコンサルタントになろう

経営者とコンサルタントの関係性は、ゴルフのプレーヤーとコーチの関係性に似ています。優秀なコンサルタントやコーチは、相手のことを本人以上に的確に把握し、指摘するのが仕事です。

しかし、私たちのようなアマチュアゴルファーが専属コーチなど持てるはずもありません。ではどうするか？　本書の巻頭で、「自分自身の優秀な専属コーチ」を目指そうと述べました。

そのためのヒントになるのが、偉大な〝物見の役〟としてのドラッカーなのです。次のページから、彼の物事の見方、捉え方、考え方の特色を見ていきましょう。

ドラッカーの考え方①

客観的に観察する

●事実を観察して、現状を正しく把握する

この項では「ドラッカーの考え方」のなかから、「自分自身の優秀な専属コーチ」になるためにとくに重要な、４つの教えを紹介します。

繰り返しになりますが、ドラッカーは観察を重視していました。ここでいう観察とは、事実を客観的に見つめることです。逆に、現状を正しく把握していない、根拠のない推論や虫のいい仮説を軽視していました。現実のビジネスでは、有識者と呼ばれる人たちの見

客観的に観察する

当外れの推論・仮説が、皆を大きくミスリードすることは珍しくありません。

事実を客観的に観察したうえで、結果を生み出した原因を追求すること。これが本質を見誤らないための確実な方法です。

●うまくいく原因、いかない原因は何か?

ドラッカーは企業をていねいに観察し、組織の仕組みや経営トップの心掛けなど、さまざまな観点からうまくいく原因、うまくいかない原因を探りました。

彼の観察と分析が的確であったことは、数多くの経営者がドラッカーから学び、成果をあげているという現実が物語っています。

言うまでもなくゴルフの練習でも、事実の観察と原因の分析が有効です。このときの観察と分析の対象は、「自分自身」になります。

たとえばショットの調子が悪いときに、イライラしたり、場当たり的な修正をしているようではダメです。自分自身を冷静に観察し、うまくいかなかった理由を探り当てれば、それが大きな前進につながります。

●「書き出す」と、客観的な分析がしやすくなる

人間は、自分に都合の悪い物事から目を背けたり、必要以上にプラス思考あるいはマイナス思考に陥ったりしがちです。そのため、「いかに客観的なスタンスを貫けるか」が、精度の高い観察・分析を行うポイントになります。

そのために、私が大切にしているのは「書き出すこと」です。自分の内面にある「考え・思い」を外側に出すことで、自分は「こんな時に、こんなことを考える人間なのか」と気づくことになります。いい意味で他人事に近い感覚になり、客観的な自己観察・分析がしやすくなります。逆にいうと、自分の内面にあるままでは、自分に都合の良いことだけで判断してしまいがちなため、客観的な観察・分析になりづらいのです。

ドラッカーの考え方②

重要なことに集中する

●なぜ頭が良くても仕事ができないのか？

ドラッカーの考え方②

重要なことに集中する

ドラッカーは、仕事で成果をあげるには「成果をあげる能力」が必要であると説きました。一見、当たり前のことに思えますが、ここでのポイントは「頭の良さや知識ではない」という点です。

いくら経歴や学歴が立派でも、仕事ができない人はたくさんいます。難易度が高い資格を持っているのに、今の仕事との関連性が薄くてほとんど役に立たないことも珍しくありません。

成果をあげるためには、自分が「目指す姿」を念頭に置いて現状分析して、「今の自分に必要なこと」を見極める必要があります。

例えば、「ヘッドスピードを上げる」ことが今の自分にとって重要ならば、そこに集中して練習を行います。そして、「ヘッドスピードを上げる」ために必要と考えられることを、一つひとつ試してみればいいのです。

●優先順位が低いものは捨ててしまおう

ドラッカーは、「成果をあげるための秘訣を一つだけあげるならば、それは集中である」と述べています。

ビジネスでも、ゴルフでも、「何となく役立ちそうなこと」は無数にあります。だからこそ、「今の自分に最も重要なこと」に絞り込まないとキリがないのです。

そして実践した上で、その成果を冷静に分析するとともに、優先順位が低いものを廃棄していく必要があります。この「廃棄」という行動を苦手としている人は多いかもしれません。

しかし、「集中」と「廃棄」は表裏一体です。成果が期待できないことは思い切って廃棄してしまわないと、本当に解決しなくてはならない課題に集中できなくなってしまいます。このことは、ドラッカーの実践には大変重要なことです。

ドラッカーの考え方③

目標管理で成果をあげる

●「目標管理」は成長するための重要なツール

ドラッカーは企業のマネジメントにおいて、トップダウンによる一方的な目標設定ではなく、知識労働者たちが目標設定に参画する仕組みを提唱しました。マネジメントにおいて、「目標」はたいへん重要な役割を果たすものです。目標は人を動機付けし、継続的な実践を促します。また、成果と照合することで、現状を的確に分析することが可能です。

目標管理という仕組みは、毒にも薬にもなり得るツールです。売上目標などの厳しいノルマを課して人を支配するツールにもなれば、人のモチベーションを高め、注力すべき点に焦点を当てさせ、成長させるツールにもなります。

企業人であれば、トップダウンで成果を求められるケースが多く、前者のイメージが強いかもしれません。しかし、本書で着目しているのは、言うまでもなく後者です。好きなゴルフで、自ら目標を設定して成果をあげることを目指しています。

●「目標」は変えていかなければならない

「目標」という言葉に対して、なんとなく義務的なイメージを持っている方も少なくないでしょう。そんな方は、このように発想してみてください。「目標は、目的を達成するための手段にすぎない」のだと。

「ゴルフの上達」という目的を達成するために、「次は何をすればいいのか?」を考えること、それこそが「目標」を設定する意味です。そして一つひとつの小さな目標が、目的達成（ゴール）への中継地点となります。

ここでいう目標は、自分を縛り付けるものではなく、変更できないものでもありません。この点が〝上司に押しつけられた目標〟と異なるところです。目的を達成するために、状況に応じて常に目標を再設定していくべきです。目標が硬直化してしまうと、さらなる成長が阻害されてしまいます。

大切なのは、自分自身で、自分の現状をふまえた目標を設定することです。詳細は第3章であらためて詳しく解説します。

ドラッカーの考え方④

学び方を知る

●自分に合った学び方は何か？

あなたは物事を理解するときに、人に話を「聞く」方法と、文章を「読む」方法、映像を「見る」方法の、どれがスムーズでしょうか。ドラッカーは、こうした人の特性を知ったうえで、それを意識的に活用することを勧めています。

例えば、自分のスウィングをチェックするときに、インストラクターに指摘してもらうか、あるいは映像で確認するか。自分が一番理解しやすい方法を知っておくことで、学習効果を高めることができます。

●効果的な学び方こそが、成長の土台になる

学び方は、「聞く」「読む」「見る」などの行動レベルにとどまりません。継続的な学習においては、どんな学び方をするかで、成果が大きく変わってきます。

ところが学び方というのは、意外なほど教わる機会がありません。学校でも趣味のスクールでも、教わるのはたいてい知識や技術です。学び方が非合理的・非効率的なまま、いくら知識や技術を詰め込もうとしても、なかなか定着しません。

1章でも述べましたが、インストラクターに対して、「教えてもらおう」という受身の姿勢では、上達は見込めないでしょう。例えばインストラクターから「前傾姿勢をとってください」と指示を受けたとします。このとき、ただ指示に従うのではなく、「なぜ前傾しなければならないのか」という、体とスウィングの因果関係を説明してもらい、納得し

てから実践しなければなりません。今の自分が抱えている問題が何で、解決すべき課題が何かを確認した上で実践し、その結果と、その時の考えや、感覚を記録して次の「目標」を設定していくことが「実践することが学びにつながる」ということなのです。

本書は「ゴルフの技術」ではなく「ゴルフの上達法」を徹底的に学ぶ本です。「学び方」というのは、さまざまな物事に応用できます。本書を読んでゴルフが上達したら、ぜひ仕事や他の趣味にも応用してみてください。

ドラッカーの神髄①

ドラッカー自身を育てた成長回路「フィードバック」

●期待を書きとめ、結果と照合する

前項では、ドラッカーからの学びの中で、とくに本書のコンセプトに関連が深いものを4つ紹介しました。そして、これから紹介する「フィードバック」は、本書の根幹ともいえるものです。彼の著書のなかに、次のような一文があります。

何かをすることに決めたならば、何を期待するかをただちに書きとめておく。九か月後、

ドラッカー自身を育てた成長回路「フィードバック」

一年後に、その期待と実際の結果を照合する。
『プロフェッショナルの条件』(ダイヤモンド社)

ドラッカーは、この手法を「フィードバック分析」と呼んでいます。これにより、自分の「強み」や「強みではないこと」を明らかにし、そのうえで「強みに集中する」こと、「成果を生み出すものに集中する」ことを勧めています。

ドラッカーは、「私自身、これを五〇年続けている。そのたびに驚かされている。これを行うならば、誰もが同じように驚かされる」と、その効果を自ら実証しています。ドラッカーの偉業は、「フィードバック」の産物であるといっても過言ではないのです。

「フィードバック」の手法を知って、「何をそんな当たり前のことを」と思った方もいるかもしれません。ただ多くの場合、結果との照合を怠ってしまったり、成果を生み出すものに集中できていなかったりと、正しく実践するのは思いのほか難しいのです。

じつは学校や学習塾でも、これに近い学習プログラムを採用しているところがあります。人間が物事を学び成長するメカニズムの、最も本質的な部分をついているためでしょう。

●わかりやすく体系化された「フィードバック手帳」

私はこの「フィードバック」に興味を持ち、より深く知りたいと思うようになりました。とはいえ、「フィードバック」というキーワードは、ドラッカーの著作にそう頻繁に登場するわけでもありません。しかし、この概念はドラッカーの世界観の中核にあるといっても過言ではないでしょう。

このことに着眼したのが、ドラッカー学会理事の井坂康志氏です。井坂氏は思想家としてのドラッカーに着眼し、その本質に迫るなかで、「フィードバック」の重要性に気づきました。そして、この「フィードバック」を自ら実践し、セルフマネジメントの手法として体系化。さらに、誰もが手軽に実践できるシンプルな手帳術へと昇華させ、『自らをマネジメントする　ドラッカー流「フィードバック」手帳』（かんき出版）という書籍を書き上げたのです。

「フィードバック手帳」とは、多面的に自分を観察し、継続的に記録することで、自分にとって本当に重要なことを見つけ出すものです。私はドラッカー学会での交流を通じて、これはさまざまな「学習」に応用できるメソッドだと直感しました。

そして、実践者の一人となったのです。

ドラッカーの神髄②

ゴルフにも応用できる「フィードバック手帳」

●セルフマネジメントの強力なツール

「フィードバック手帳」とは、端的にいえば、目標によって自分自身をマネジメントする手帳術です。「目標を設定して、その成果と照合する」という行動を、手帳を使って日々繰り返していきます。この行動自体は、ＴＯＤＯリストや業務管理シートなどと近いものがありますが、特徴的なのは目標の達成具合ではなく、「自分自身を知る」ことに焦点を当てているということです。

フィードバック手帳を実践してみると、自分自身について、いかに知っているつもりで知らないことが多いかを思い知らされます。自分には、何ができるのか、何ができないのか、そもそも何を成し遂げようとしているのか。こうしたことが、手帳をつけるうちに少しずつクリアになってくるのです。

このツールは「学習」に効果的ではないか？　そう思った私が、はじめに試してみたのが「ゴルフ」でした。

●実践を通じてゴルフ練習用に最適化

「フィードバック手帳」を使ってゴルフ練習を始めたのは２０１６年の夏。そして半年後、私のスコアは１１０から80を切るまでになりました。その要因については、後述します。また、以降のページで、私が実践したときのシートをお見せしていますが、シートの体裁は本書のものとは若干異なります。これは本書の出版が決定した後に、よりシンプルで使いやすい体裁へとブラッシュアップしているためです。

続く3章では、「フィードバック手帳」およびドラッカーをベースにしたゴルフ練習法を具体的に解説していきますが、その前に少々補足しておくことがあります。

私はこの「フィードバック手帳」を愚直なまでに実践するなかで、「ゴルフに応用するうえでのポイント」をいくつか発見しました。それらを組み込んで体系化したのが本書です。そのため、本家「フィードバック手帳」とは、若干異なる点があります。すでに「フィードバック手帳」をご存じの方は、その点をあらかじめご了承ください。

ドラッカーの神髄②

ゴルフにも応用できる「フィードバック手帳」

また、ベースとなるドラッカーについても、当然ながらゴルフの学習に応用するうえで私なりの解釈を加えている部分があります。ドラッカー研究者・愛読者は数多く、解釈もまた多様ですので、なかには「これはドラッカーとは違うのでは?」と思われる点があるかもしれません。

しかし私はドラッカー研究者の一人として、このメソッドの有用性を確信しています。自ら実践して成果を実証済みなのはもちろん、トップアスリートやゴルフコーチの方からも賛同のコメントをいただき、そして何より、第三者である知人が実践しても成果があがったという事実があるのです。

2章のおさらい

【ドラッカーの考え方】

1 客観的に観察する

- 事実を観察したうえで、結果を生み出した原因を追究する。
- うまくいく原因、うまくいかない原因を探る。

2 重要なことに集中する

- 「今の自分に必要なこと」を見極める。
- 優先順位が低いものを廃棄していく。

3 目標管理で成果をあげる

- 自ら目標を設定して成果をあげることを目指す。
- 設定した目標は、必ず成果と照合する。

4 学び方を知る

- 「学び方」は「成果」に大きな影響を及ぼす。
- 自分に最も合う「学び方」を知り、それを実践する。

【2章のおさらい ドラッカーの神髄】

1 ドラッカー自身を育てた成長回路「フィードバック」

● 期待することを書きとめ、実際の結果と照合する「フィードバック」。

● ドラッカー自身も「フィードバッグ」を実践して成果をあげた。

2 ゴルフにも応用できる「フィードバック手帳」

● 「フィードバック」をわかりやすく体系化した「フィードバック手帳」。

● 「フィードバック手帳」の実践で、自分自身を深く知ることができる。

目標のない人に上達はない

片山右京（元F1ドライバー）

1963年、東京生まれ。レーシングドライバー。TeamUKYO代表。JBCF全日本実業団自転車競技連盟理事長。JCF日本自転車競技連盟理事。日本人F1最多97戦出場の記録を持つ

私がかつて身をおいたF1の世界は、運転するドライバー、マシン、タイヤなど、すべてを科学的に管理し、100分の1秒単位で速さを積み上げていく、とても緻密なものでした。

本番のレースやテスト走行で課題を見つけ、どうすれば解決できるのかを考え、それをもとに目標を立て、実戦で試し、また新たな課題が見つかれば、それについて研究していく。いまにして思えば、本書で述べられているドラッカーのエッセンスを自然と実践できていたようです。

モータースポーツは、クルマや人間の行動が、様々な形でデータとして残るため、定量化しやすいのですが、それでもすべての事象が数値で解明できるわけではありません。自分で感じてみないとわからないことがたくさんあります。

時速300キロ以上のスピードが出ていると、ブレーキをかける位置が数センチ違うだけで結果はまったく異なるものになります。この違いを感じ取れなければ

ば、まったく勝負になりません。
では、どうすれば感じ取れるようになるのか。そのために経験したことを記憶し、忘れないように記録していくわけです。

せっかく感じ取ったことでも、記録しなければ忘れてしまうのが人間です。成功したとき、失敗したときに、何を感じ、どう行動したのか。記録し、振り返り、実践し、また記録する。いま私が挑戦している自転車競技の世界でも、強い選手はみな、詳細に記録する習慣を持っています。

記録の中から課題を見出し、目標を立て、また挑戦する。この繰り返しのなかで私は、自分をコントロールするためのキーワード〝自分だけの言葉〟を見つけることができました。本書に出てくる〝言い聞かせワード〟とよく似ていますね。

レースが始まる前、緊張するとハンドルが太くなったように感じることがありました。まるでクッションでも持っているような違和感です。
そんなとき、私がイメージするのは満々と水をたたえた〝ダム〟でした。そしてスタートの瞬間に「ダム、決壊！」と口にする。ダムの壁を突き破った奔流が、

第3章
ドラッカーをゴルフに応用する

一気に平地まで流れ下るように、私のマシンも駆け抜けるのです。

いままで経験し、学んできたことをすべて忘れてしまうような緊張感の中でも一瞬にして自分を取り戻すことができる。「ダム、決壊！」。それは長い年月をかけて自分の体や心と対話し、記録をとりつづけてきたからこそ見つけることができた〝自分だけの言葉〟でした。

モータースポーツでもゴルフでも、ビジネスの世界も同じだと思うのですが、基本を教えてもらうことは可能です。でもそれは成功するために必要な１００の事柄のうちの10にも満たないことでしかありません。

目標を立て、実践し、その結果から課題を見つけ、また新たな目標を立てていく。この繰り返しこそが上達の早道であり、セルフマネジメントの極意なのだと、本書を読んで、改めてそう感じました。

目標がない人に上達はなく、計画しなければ実行はないのです。

この章では、「ドラッカーの考え方」を応用した「ゴルフ・マネジメント学習法」の核心に迫ります。次の4つのポイントを、順に解説していきましょう。

①努力を成果へと導く「核となる課題」
②上達の永久機関「フィードバック」
③成果・発見を集約した「セルフチェックリスト」
④集中のスイッチとなる「言い聞かせワード」

第3章

ドラッカーを応用した「ゴルフ・マネジメント学習法」

自らの仕事ぶりを管理するには、自らの目標を知っているだけでは十分ではない。目標に照らして、自らの仕事ぶりと成果を評価できなければならない。『マネジメント』エッセンシャル版（ダイヤモンド社）P140より努力を成果へと導く「核となる課題」

今、「最も重要なポイントは何か?」を見極めよう

●成果につながらない練習から脱却する

練習は、すればするほど上達するとは限りません。ルールや基礎を覚えた後、しばらくは上達していくものの、ある程度まで来ると頭打ちになります。こうしたことは、ゴルフ以外でも思い当たることがあるのではないでしょうか。

私自身、25歳のころにゴルフを始め、以降は30年以上続けても110前後のスコアを行ったり来たりしていました。振り返れば、それなりに練習自体を楽しんではいたものの、とくに目標はなく、練習の成果・発見を振り返ることもありませんでした。

一般的に、キャリアの長さと実力が比例しないことを「才能」で片づけることが多いでしょう。しかし30年以上110前後だった私が、還暦を迎えた後の半年間で一気に80を切ったという事実は、「才能」で片づけることはできません。そもそも上達につながる練習をしていなかったということに尽きます。

少なくとも〝100前後の壁〟くらいであれば、とくに才能あふれる人でなくても、練習の仕方しだいで突破できるはずです。

●「核となる課題」の見極めを繰り返す

では、「成果につながる練習」とは、どんな練習でしょうか。そのカギを握るのが、1章でご紹介した「核となる課題」です。つまり「今の自分にとって最も重要なポイント」を見極め、それをふまえて目標を設定することが、何よりも重要なのです。

ここで注意したいことがあります。重要なのは、「目標に集中して核となる課題を発見すること」であり、「目標をクリアすること」ではないということです。目先の結果に一喜一憂して、自分が設定した目標の意味を見失わないことが肝心です。例えば「正しいスウィングプレーンでショットするという目標」のため、「インサイドアウトを意識」して練習するうちに、いつのまにか「ドローボールが目標」にすり替わってしまわないように気をつけてください。

またビジネスでは、当初掲げた目標がクリアできていないと「社内的に都合が悪い」ケースが多いのですが、まずはそうした感覚から脱却しましょう。むしろ自分で立てた仮説を検証するような気持ちで、冷静に「核となる課題」の見極めを続けていくことが、練習の質を高め、上達へとつながっていきます。この「核となる課題」は簡単には特定できません。人によって異なるうえ、上達の度合いによっても変化していくためです。

だからこそ、「核となる課題」は永続的にチェックしていく必要があります。そのために最も有効な手段が、次項で紹介する「フィードバック」です。

上達の永久機関「フィードバック」①

現状把握➡目標設定➡実践➡成果との照合 4つのプロセスを繰り返そう

●「フィードバック」の実践における4つのプロセス

「フィードバック」とは、ごく簡単にいえば「目標を設定して、成果と照合することの繰り返し」です。実践するときは、これから解説する4つのプロセスで考えましょう。これは井坂康志氏の「フィードバック手帳」の考え方をベースにしています。

●【現状把握】目標設定の下準備

初めに「現状把握」が必要なのは、上達に結びつく「目標設定」をするには、下準備が不可欠なためです。大切なことが2つあります。一つは「自分の目指す姿をイメージす

現状把握➡目標設定➡実践➡成果との照合 4つのプロセスを繰り返そう

る」こと、もう一つは「4つの視点から自分を知る」ことです。詳細は後述しますが、この「4つの視点」から目標を設定し、「自分の目指す姿」の実現に近づいていきます。

図のように、この「現状把握」というプロセスは、次の「目標設定」のプロセス、そして最後の「成果との照合」というプロセスとつながっています。

●【目標設定】照準をどこに定めるか？

目標の設定は「上達への道筋」となる重要なプロセスであり、これが妥当でないと練習しても上達に結びつきません。とはいえ、最初から完璧な「目標」を設定するのは不可能です。先ほどの話と矛盾するようですが、ここであまり考え込まないようにしましょう。というのも、フィードバックの4つのプロセスを繰り返すうちに、見当外れの「目標」は自然と淘汰され、より妥当なものへと進化していくからです。

●【実践】目標に集中する

練習では、必ずその日の「目標」に集中しましょう。集中の仕方はシンプルです。アドレスする前に、その日の「目標」をしっかりと自分自身に言い聞かせてください。さらにショットの後も、再びこの「目標」を言い聞かせます。

そして、ナイスショット・ミスショットといった結果に一喜一憂しないことが肝心です。成功も失敗も、上達のために必要な検証材料になりますので、気づいたことは忘れないうちにメモしておきましょう。

●【成果との照合】次につなげるために

実践の後は、必ず目標と「成果との照合」を行ってください。これを行わないと、フィードバックが機能しません。目標をクリアできたら「それで終わり」ではなく、成果があがった点をさらに伸ばしていくのがポイントです。一方で、一定期間続けても目標がクリアできない場合には、目標自体を見直す必要があります。

図のように、「成果との照合」は次の「現状把握」、次の「目標設定」につながっていきます。これを延々と繰り返していくことで、フィードバックがその効果を発揮します。

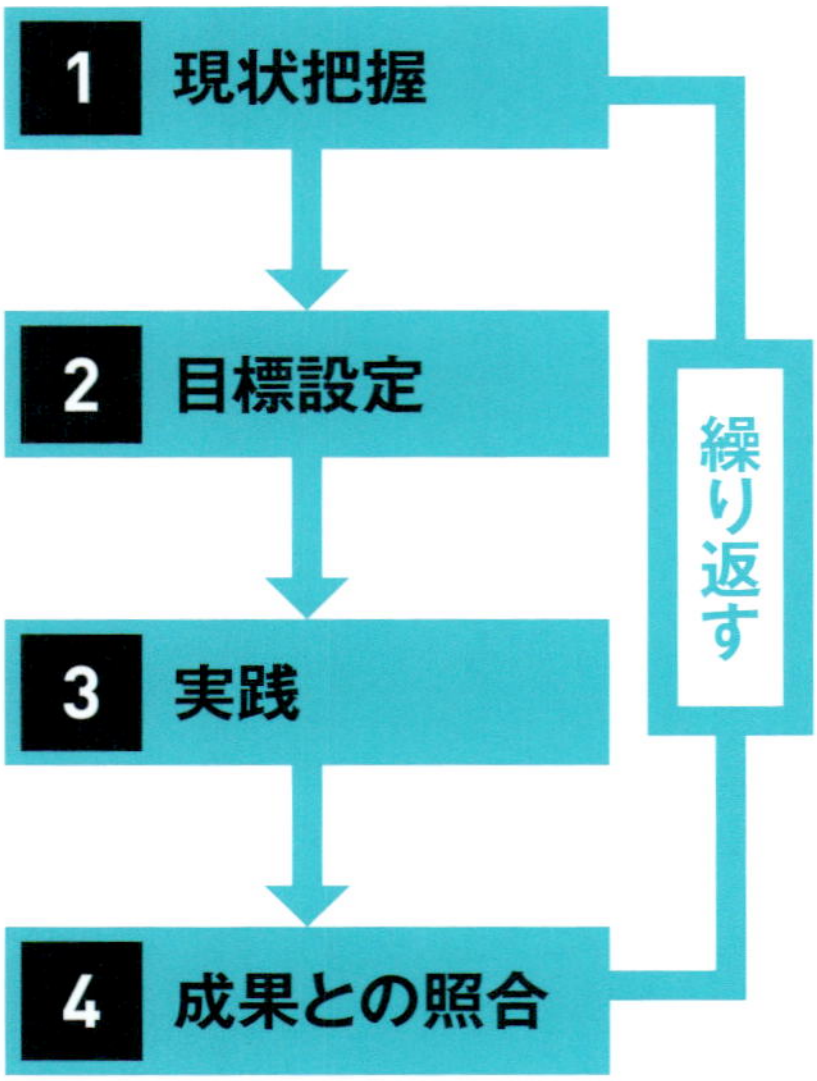

上達の永久機関「フィードバック」②

4つの視点で目標を定点観測

●「フィードバック手帳」を使えば、自動的に複数の視点を持てる

「フィードバック」を実践するときは、4つのマス目で目標を管理します（次ページ参照）。

あらかじめマスが分割されていると、自動的に複数の視点で考える習慣が身につきます。

また、ゴルフの練習で同時に意識できるのはせいぜい3～4点ですから、その意味でも4つのマス目で目標を管理していくのは理に適っています。

●4つの視点ごとに目標を設定・照合する

これからの練習で注力していきたいこと、定点観測していきたいことを思い浮かべ、4つの視点を決めましょう。たとえば「アドレス」「ビジネスゾーン」などのようなものです。

次に、それぞれの視点ごとに、具体的な目標を記入します。たとえば「アドレス」なら、「前傾姿勢を意識する」「背骨と頭のラインを真っすぐにする」といったものです。

実践したら、「成果」「発見」を目標の下の欄に記入します。

4つの視点は、一定期間の練習の成果しだいで、自由に変えていっても構いません。練習を重ねていくうちに、本当に重要なこと＝「核となる課題」を見出せるようになります。

3
実践して、目標についての成果・発見を記入する

[アドレス]	[ビジネスゾーン]
前傾姿勢を意識する 頭が下がるときがある。アゴを直立と同じ角度に維持すると猫背にならない	グリップの力みを抜く ●グリップの力みは抜けた ●前傾姿勢を保持するとダフリが怖い!
[アプローチ]	**[マインドセット]**
ショットとアドレスで距離感を掴む アプローチもグリップに力みがあるとダフる	前傾姿勢が取れたら絶対大丈夫! 他は完璧 トップスウィングの時、どうしてもダフリの恐怖心が出てしまう。
●グリップの力みは取れた。ヘッドが走り距離が10%UP ●「失敗してもいい。やり切っておこう」	

4つの視点で目標を定点観測

1

目標を設定する前に4つの視点を決める

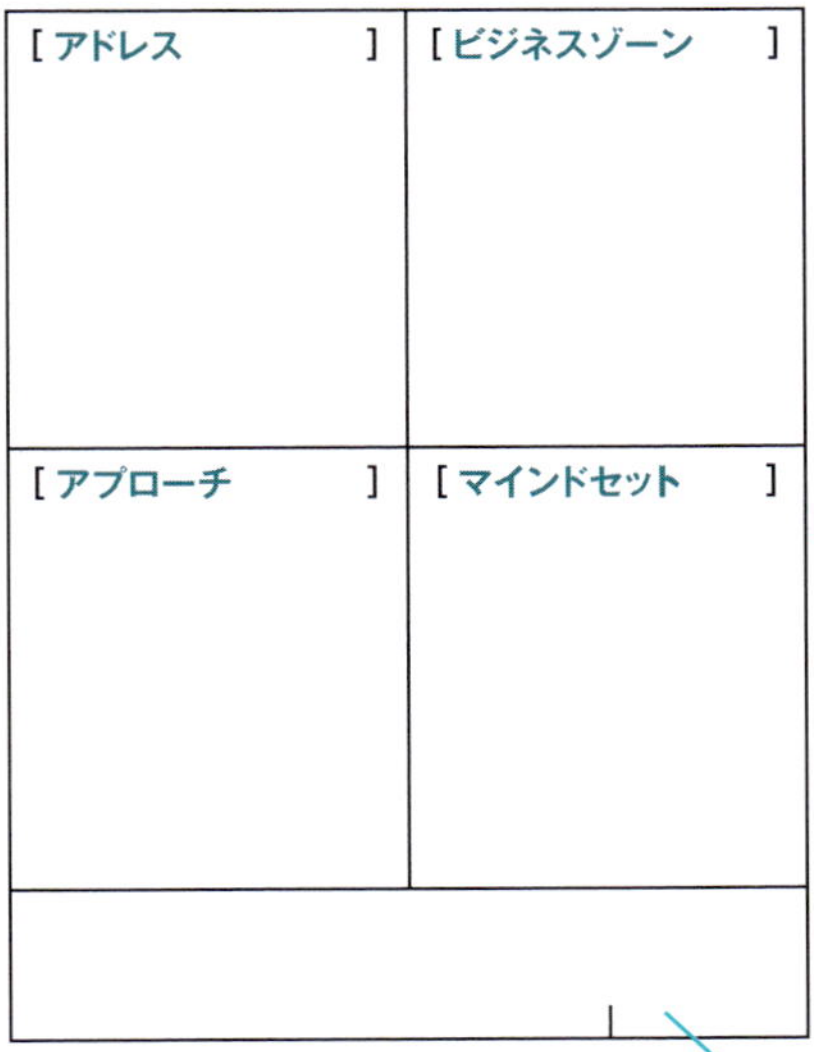

[アドレス]	[ビジネスゾーン]
[アプローチ]	[マインドセット]

2

4つの視点から具体的な目標を記入する

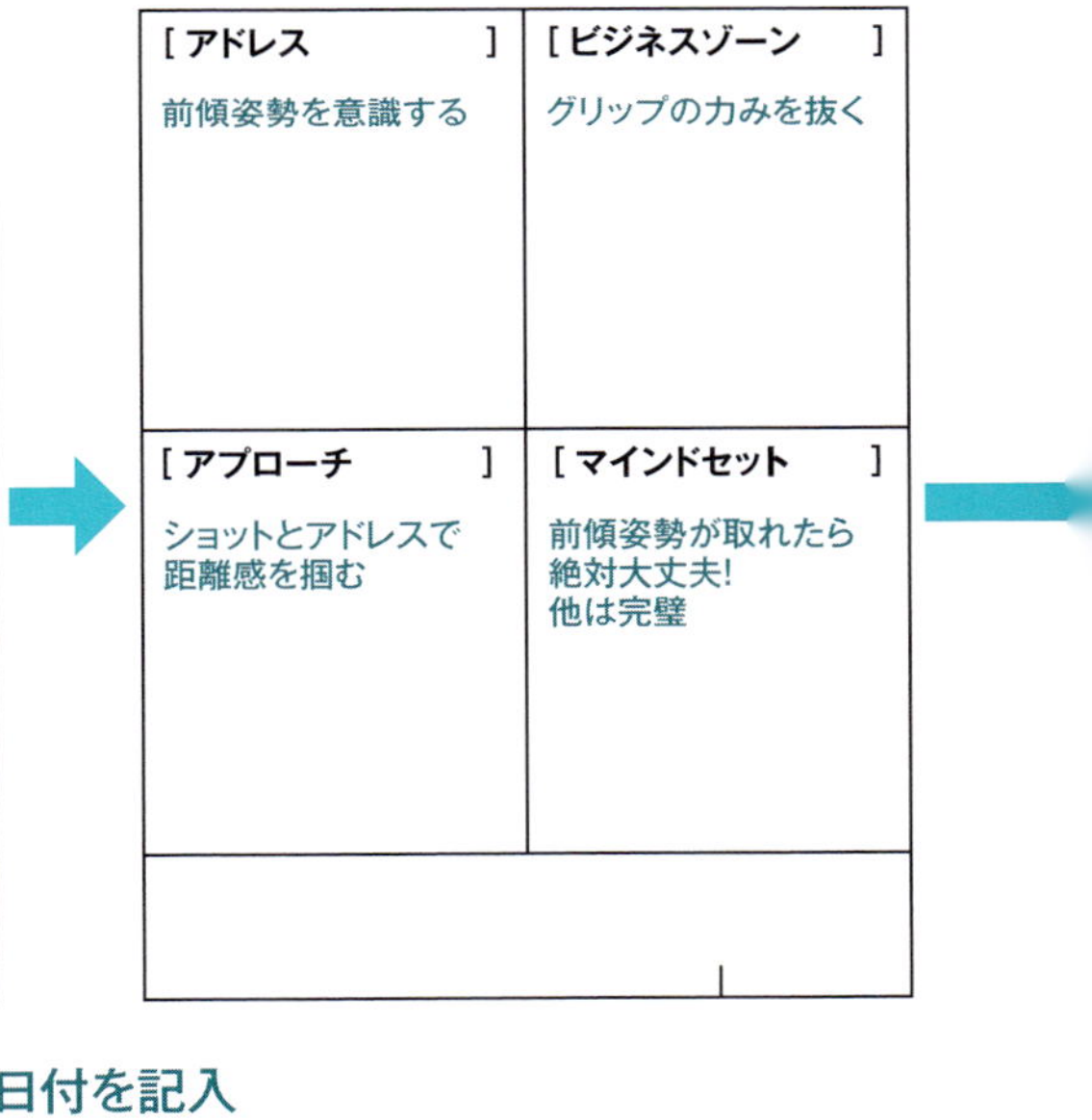

[アドレス]	[ビジネスゾーン]
前傾姿勢を意識する	グリップの力みを抜く
[アプローチ]	[マインドセット]
ショットとアドレスで 距離感を掴む	前傾姿勢が取れたら 絶対大丈夫! 他は完璧

成果・発見を集約したセルフチェックリスト①

重要な成果・発見をまとめたリストをつくろう

●ナイスショットの感触やミスの解決策などを記録する

フィードバックを繰り返していくと、1枚1枚の練習記録が蓄積されます。本書ではこれを「フィードバックシート」と呼びます。これにより自分自身の特性が少しずつ明らかになっていくのです。こうした重要な成果・発見を1枚のシートに集約していくと、あなたの「核となる課題」の発見につながります。これが「セルフチェックリスト」（p61、68を参照）です。

例えばあなたの球筋が、右に打ち出した後、さらにスライスしていくものだったとしましょう。練習を重ねた結果、その解決方法を発見できたら、これを「セルフチェックリスト」に記入するのです。ミスショットの解決策だけでなく、ナイスショットの原因や感触も記録しておきましょう。はじめは日付順に記入し、情報が蓄積されてきたら、自分でEXCELなどを使ってテーマ別に整理するといいでしょう。

成果・発見を集約した「セルフチェックリスト」①

重要な成果・発見をまとめたリストをつくろう

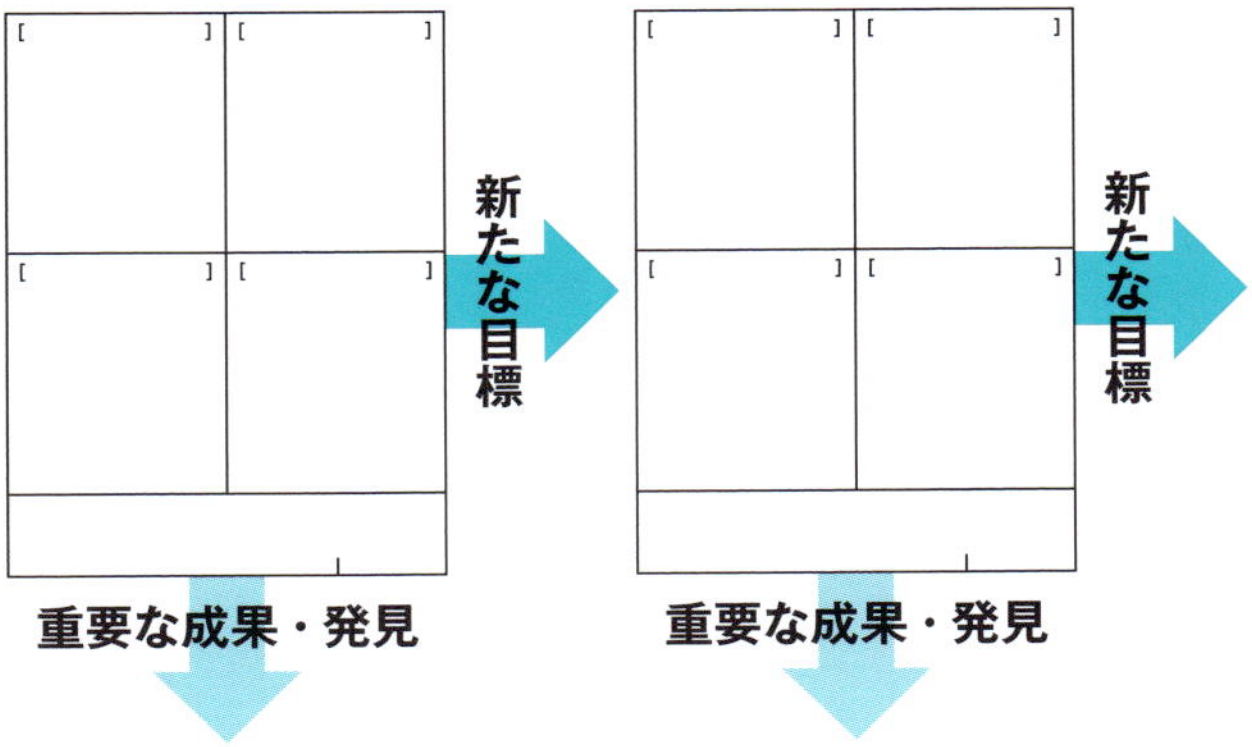

日付	テーマ	ポイント

セルフチェックリスト

成果・発見を集約したセルフチェックリスト②

「練習の結果として体得したハウツー」が真の力になる

●自作することに意味がある

「セルフチェックリスト」は、一見するとレッスン本などのトラブルシューティングと似ています。しかし、レッスン本を書き写したリストではなく、元となる情報は1枚1枚の練習記録（フィードバックシート）を分析したものです。

セルフチェックリストに集約された一行は、自分の「体験」を呼び起こす引き金になります。それを見た瞬間、体験した情景を鮮明に思い起こすことができます。自分が練習の結果として体得したハウツーは、レッスン本に書かれているハウツーよりも、自分の感触をリアルに再現する力があるのです。

「セルフチェックリスト」は、まさに〝あなたの専属コーチ〟となります。ラウンド前のプレショットルーティンの確立に役立ちますし、スランプやトラブルに直面したときにも的確なアドバイスを与えてくれます。

成果・発見を集約した「セルフチェックリスト」②

「練習の結果として体得したハウツー」が真の力になる

●自分に効く解決策を厳選したリスト

「ゴルフの基礎知識がない初心者には、レッスン本やインストラクターのアドバイスが最低限必要では？」と思う方もいるでしょう。たしかに基礎知識がなければ、自分で考えて試行錯誤すること自体が難しいかもしれません。

ただ以前の私もそうですが、一般的に趣味でゴルフを楽しむプレーヤーの多くは、〝必要以上の情報〟のせいで、かえって混乱に陥っているように思います。

レッスン本やインストラクターのアドバイスを取り入れるにしても、それをうのみにするのではなく、必ずそれを実践して成果と照合し、今の自分に必要なことかをしっかり見極めることが肝心です。そして、有効な解決策であるかどうかを、自分自身で検証して選別しなければなりません。

集中のスイッチ「言い聞かせワード」①

自分自身に「言い聞かせ」をして、重要ポイントに意識を集中！

●自分の頭の中のイメージを体に実行させる

練習の成果を高めるためには「集中」が肝心です。いくら的確な目標を設定しても、ショットの瞬間にそれを忘れていたら意味がありません。私の実体験を紹介しましょう。

ある日の練習で、目標は〝前傾姿勢の保持〟を目標としていたのにもかかわらず、思いがけずにナイスショットが出たことがきっかけになり、いつのまにか〝偶然のナイスショットを再現すること〟に目標がすり替わってしまったことがありました。そして本来の目標のことを思い出したのは練習が終わった後です。

いくら的確な目標を設定しても、ショットの瞬間にそれを忘れていたら意味がありません。自分の頭の中にある目標のイメージを、その通りに自分の体に実行させるためには、実行直前に強い命令を送る必要があります。これが「言い聞かせワード」です。

アドレスした瞬間に「言い聞かせワード」をつぶやくことで、「目標」への集中力を高

自分自身に「言い聞かせ」をして、重要ポイントに意識を集中!

めます。逆にいうと、「目標」への集中力を高めるキーワードを、自分自身で設定しておくのです。

●自分が理解しやすい〝大工の言葉〟を使う

「大工と話すときは、大工の言葉を使え」というソクラテスの有名な言葉があります。たとえば初心者が「テークバックはビジネスゾーンを意識する感じで!」と言われても、ピンとこないでしょう。何となく理解したとしても、その通りに体が動かなければ意味がありません。

本や他人からのアドバイスは、自分でかみ砕いてはじめて有効な「言い聞かせワード」になります。

例えば、「腰の力みを抜きたい」ときに、私は「下半身だけ温泉に浸かっている気分」という「言い聞かせワード」を設定しました。他人が聞いても意味をなさない言葉でも、私にとっては有効な言葉であり、力みを抜くエッセンスがその言葉に含まれています。

集中のスイッチ「言い聞かせワード」②

「言い聞かせ」は練習でも実践でも効果を発揮

●練習中やラウンド中に「言い聞かせワード」を使う

練習中・ラウンド中は、常に「言い聞かせワード」を頭の中心に置き、アドレスする前に暗唱することを習慣化しましょう。「言い聞かせワード」は、その一言でその日の目標をイメージできる言葉を考えます。私の場合は次のような言葉を考えていましたが、他人に聞かれると恥ずかしいような言葉でも暗唱ですから心配無用です。理屈はどうあれ、この一言でその日の課題に集中できる「大工の言葉」であればそれでいいのです。

【言い聞かせワードの例】


「下半身だけ温泉に浸かっている」

「切り返しで、右腰すぅー」

「アゴの角度は、立っている時と同じ」

「クラブに打ってもらおう！」

「グリップは赤ちゃんと握手！」

「言い聞かせ」は練習でも実践でも効果を発揮

●目標の設定に「言い聞かせワード」を使う

目標の設定の際に、自分でイメージしやすい「言い聞かせワード」を記入しておけば、より集中しやすくなります。

[アドレス]	[ビジネスゾーン]
腰の力みを抜く	右手の力みを抜く
[テークバック]	[マインドセット]
腰の回転量を多く	下半身だけ温泉に浸っている気分

●「セルフチェックリスト」に「言い聞かせワード」を記入

実践の成果を集約した「セルフチェックリスト」にも、「言い聞かせワード」は活用できます。チェックポイントの欄に「言い聞かせワード」を記入しておけば、それを見返すたびに「良いときの感触」が感覚的によみがえってきます。

日付	テーマ	ポイント
	力み対策	下半身だけ温泉に浸かっている気分

3章のおさらい

ドラッカーを応用した「ゴルフ・マネジメント学習法」

1 努力を成果へと導く「核となる課題」

●「今の自分にとってもっとも重要なポイント」を見極め、それをふまえて目標を設定することが肝心。

2 上達の永久機関「フィードバック」

●現状把握⬇目標設定⬇実践⬇成果との照合、この4つのプロセスを繰り返す。

3 成果・発見を集約した「セルフチェックリスト」

●フィードバックの繰り返しから得た、重要な成果・発見を1枚のシートに集約する。

4 集中のスイッチとなる「言い聞かせワード」

●自分の頭の中にあるイメージを自分の体に実行させるために、自分が理解しやすいキーワードを設定しておく。

もっとも大切なのは自分のゴルフのほんとうの課題を見つけること

江口寿和（ゴルフコーチ）

この本の著者である飯田さんから「ドラッカーを応用したゴルフ上達法に対して、レッスンプロとしての意見を聞かせてほしい」というお話をいただき、まず、私自身が4つの視点で目標を設定し、メモを取ってみることにしました。

目標がなければ、ゴルフがうまくなることはほぼ不可能なのですが、多くのゴルファーはこれをしていません。漠然と、飛ばしたいとか、スライスを直したいなどとは考えていても、具体的に何をすればいいのかは考えていないのです。

4つの視点を設定し、それぞれの視点における課題を考え、目標を設定し、メモに書く。このプロセスをたどっただけで、このゴルフ上達法がいかに素晴らしいかがはっきりとわかりました。考えて、メモとして書くことで、漠然とした課題がたちまちはっきりと明確になるのです。

視点の数が4つというのも絶妙です。実際にやってみればわかると思いますが、

1973年、東京都生まれ。立教大学ゴルフ部では主将をつとめた。証券会社勤務を経て、現在はcafeボローニャ麹町GCにてゴルフスクールを主宰している。アメリカ・ミニツアー参戦で学んだメソッドを基礎としたその指導方法は「ゴルフが好きなるレッスン」と、高い評価を受けている

ドラッカー実践コラム②

アドレス、インパクト前後、リズムとタイミングというように、3つまでは比較的簡単に決まるのですが、4つ目を何にするかで迷います。この迷うということが大切なのではないかと私は感じました。迷った結果にこそ、自分のゴルフにとってほんとうに重要な課題が隠れているのではないでしょうか。

4つの視点に則って4つの目標を設定し、今度はその目標を練習場やゴルフコースで試してみる。いわば自分の立てた対策、仮説が正しいかどうかの検証作業です。

この検証作業が実に楽しい。いろいろ試す楽しさを実感していただくことができれば、今よりもゴルフが好きになり、次々と新たな課題が見つかるようになります。そして、この新たな課題の発見を繰り返すことこそが、ゴルフの上達につながるのです。

私は、初めて会った生徒さんの場合は、話をすることからレッスンを始めるようにしています。何のためにゴルフを始めたのか。なぜレッスンを受けようと考えたのか。現在のゴルフの目標は何なのか。ときには仕事の話を聞いたり、家族の話をうかがうこともあります。

話をすることからレッスンを始めるのは、ゴルフがうまくなるために必要なことのほとんどはスウィング以外にあると考えているからです。重要なのは、アドレスに入ってボールを打つまでのルーティーンやリズム、そしてインパクトの位置や形。もちろんスウィングも大切なのですが、〝うまくなる＝スコアを良くすること〟と考えるのならば、スウィング以外の課題のほうが圧倒的に多いのです。

だから私は、会話の中からパーソナリティを感じ取り、強みや弱みを見抜いた上で、どうしたらその人のゴルフがうまくなるのかという目標を設定するようにしています。

飯田さんが提唱するドラッカーを応用したゴルフ上達法は、一人ひとりの課題を探すために私が行っているのと同じことを、自分一人でできる学習方法だといえるのではないでしょうか。もっとも大切なのは、仮説を立て、それを検証することを繰り返すことで、自分のゴルフのほんとうの課題を見つけることなのです。

この章では「ゴルフ・マネジメント学習法」の要点を
日々の練習のなかでどう実践していくのかを、
時系列で紹介していきます。

第4章

「ゴルフ・マネジメント学習法」の実践手順

何かをすることに決めたならば、何を期待するかをただちに書きとめておく。九か月後、一年後に、その期待と実際の結果を照合する。私自身、これを五〇年続けている。そのたびに驚かされている。これを行うならば、誰もが同じように驚かされる。

『プロフェッショナルの条件』（ダイヤモンド社）P113より

始める前に①

実践の手順をチェックしよう

●4つのプロセスを繰り返す

3章では「核となる課題」「フィードバック」「セルフチェックリスト」「言い聞かせワード」という4つのポイントを解説しました。4章は、いよいよその実践です。

簡単に言ってしまうと、「ゴルフ・マネジメント学習法」は「フィードバック」の繰り返しです。「フィードバック」によって、「核となる課題」の見極めを続け、その成果を「セルフチェックリスト」として蓄積します。「言い聞かせワード」は、これらをより効果的に進めるための、触媒となるものです。

【始める前に】①

実践の手順をチェックしよう

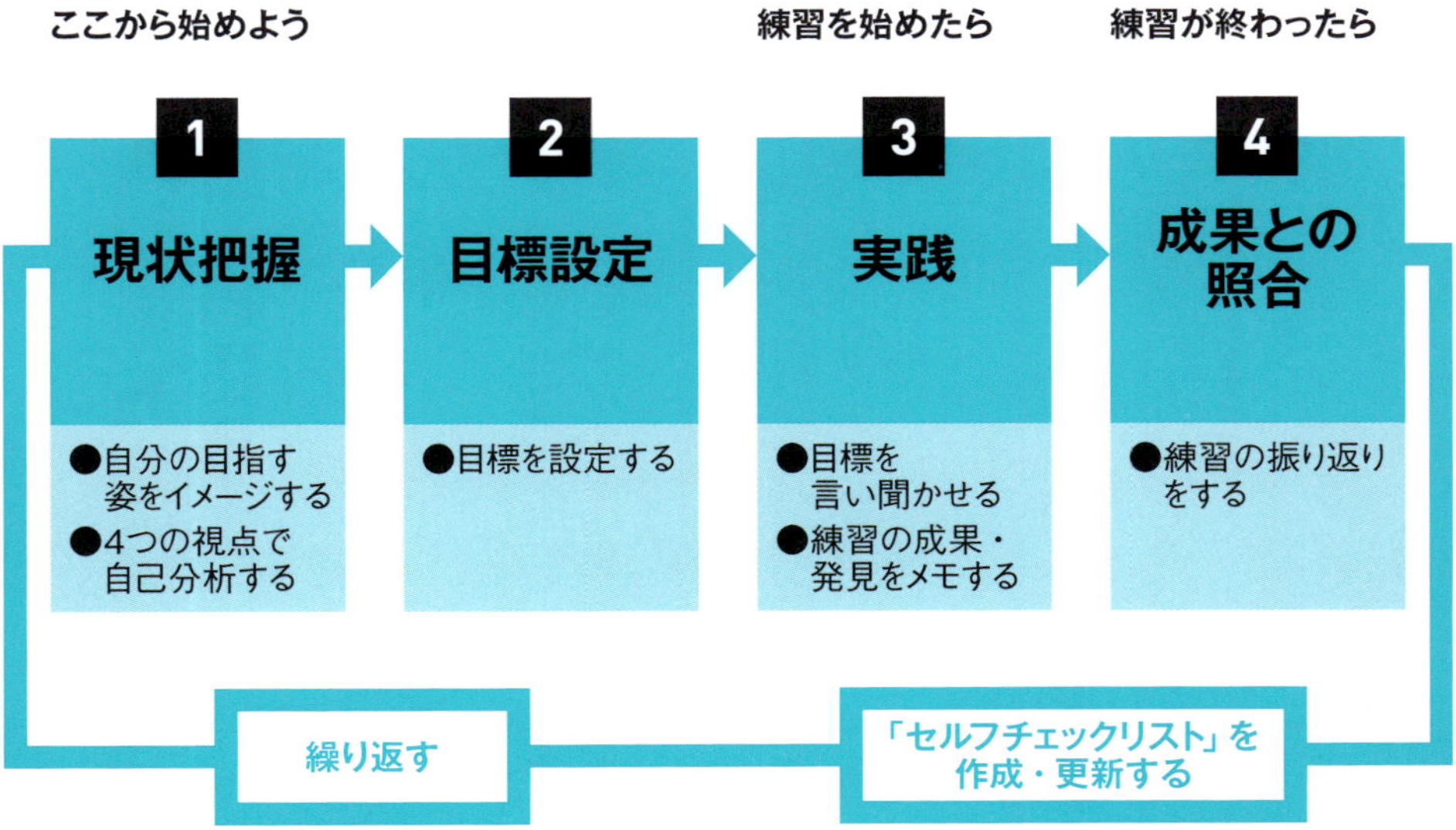

始める前に②

記入シートの役割を知っておこう

●フィードバックシート

以下の順に記入します。

①4つの「視点」を記入する
②「視点」ごとに「目標」を設定する
③「目標」ごとに「成果・発見」を記録する
④「成果・発見」もとにを練習を総括する

●セルフチェックリスト

フィードックによる成果・発見のうち、とくに重要なものを記録します。

主にナイスショットの原因だと感じたことや感触、ミスショットの原因だと感じたことや思いついた対処法などを記入しましょう。

【始める前に】②

記入シートの役割を知っておこう

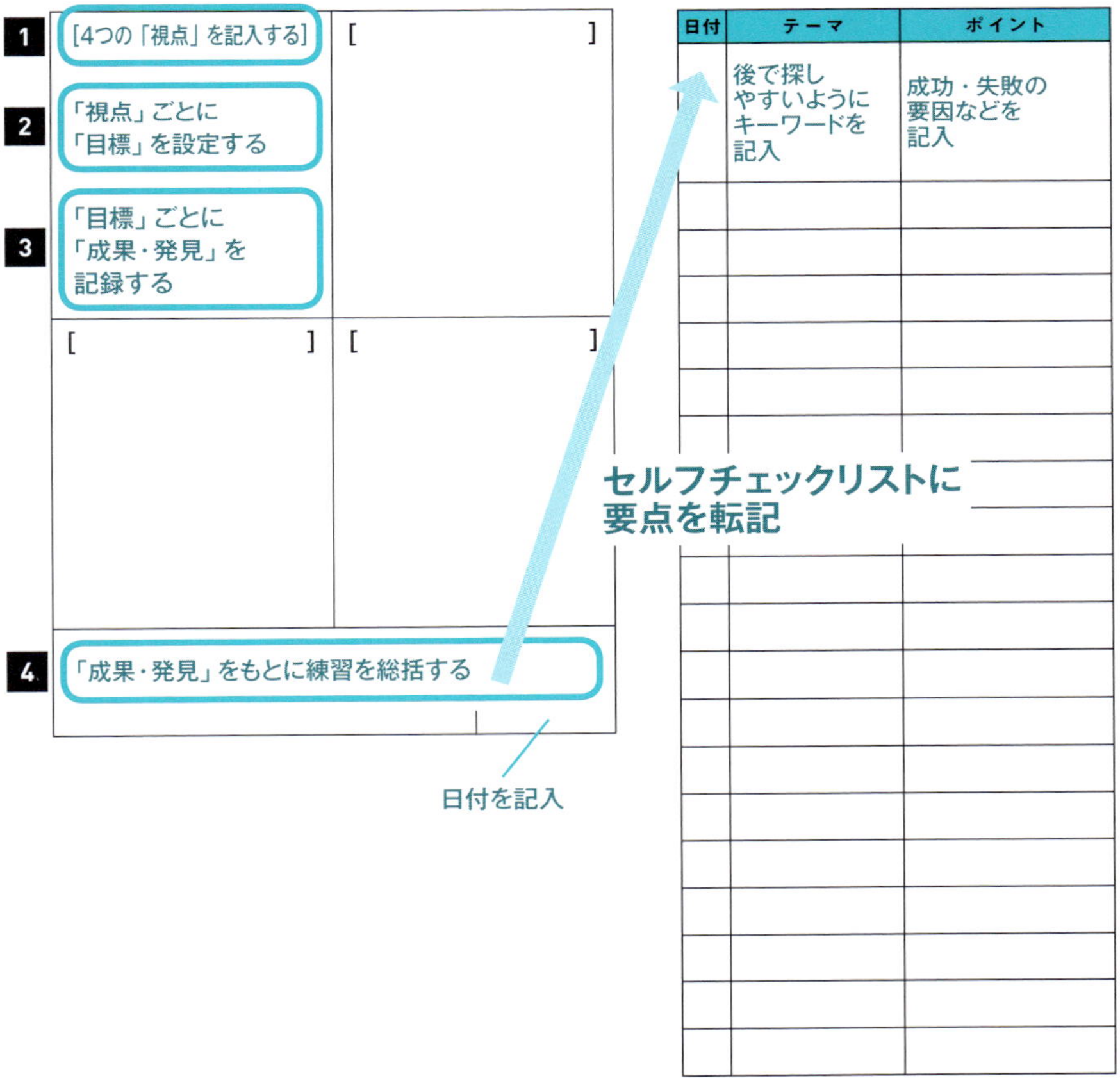

ここから始めよう①

現状を把握する

●自分の目指す姿をイメージする

目標をうまく設定できなければ、上達の仕組みとして機能しません。「現状把握」は、そのための下準備として重要なプロセスです。

まずは「自分の目指す姿」をしっかりイメージしてください。例えば「半年で80を切って、颯爽とコースを歩く」「トラブルショットしても心が折れないゴルファーになる」など、内容は何でもよいのですが、重要なのは自分が本当に望んでいる姿かどうかです。

この「自分の目指す姿」を実現するために、これから目標を設定していくのですから、そもそも望んでいないことのために目標を設定しても意味がありません。

「自分の目指す姿」は、上達とともに変化してきますので、初めからここで頭を悩ませなくても大丈夫です。素直な気持ちで、今の自分が理想とする姿を思い描いてみましょう。

●4つの視点で自己分析する

これから練習で注力していくべきポイントは何か？　それを思いついた順に書き出してみましょう。例えば、「トップの位置」「フォロースルーの位置」「グリップの強さ」といったものです。その中から、とくに重要なものを4つ選び出します。

4つのテーマは、一定期間固定して自分を定点観測するとともに、一定期間ごとに見直して新陳代謝をはかるといいでしょう。なお、4つのうち3つを固定して、残り1つは練習のたびに変えていくのもおすすめです。

私の場合は、「アドレス」「ビジネスゾーン」「アプローチ」と3つの技術的なテーマを設定し、残り一つは「マインドセット」として主に精神的な目標を設定しました。

4つの「視点」を記入する

[アドレス]	[ビジネスゾーン]
[アプローチ]	[マインドセット]

ここから始めよう②

目標を設定する

●現状をふまえて目標を設定する

あなたは、前回の練習で何をしたか覚えていますか？　目標の設定の際に大切なのが、過去の練習の成果をふまえることです。前回までのことを忘れていると、目標の設定が場当たり的になってしまい、それでは一つひとつの練習がつながっていきません。

例えば、前回の練習でスライスやダフリがひどかったとしましょう。それならば、「その問題の原因は何だと考え、どんな方法を試したのか、そしてその結果はどうだったのか」を頭に入れておくことが肝心です。

新たに設定する目標は、必ず実践を通じて検証していきます。それによってわかることは、ミスショットなどが起こる「原因は一つではないことが多い」ということです。多くのゴルファーは、複数の原因が合わさって起こる現象（問題）を、たった一つの金言的なアドバイスで解決できると思っていますが、これは間違いです。

「視点」ごとに「目標」を設定する

[アドレス]	[ビジネスゾーン]
前傾姿勢を意識する	グリップの力みを抜く
[アプローチ]	[マインドセット]
ショットと同じアドレスで 距離感を掴む	前傾姿勢が取れたら 絶対大丈夫! 他は完璧!

実践を通じた検証によって、全ての原因を「見える化」していきましょう。それが次の目標となり、それらを一つひとつ解決していくことが上達につながるのです。

このように、適切な目標は、フィードバックを繰り返すなかで自然と浮かび上がってくるものです。ですから最初のうちは、目標の設定のプロセスで悩みすぎず、それよりも後のプロセスである「実践」と「成果との照合」をきちんと行うことを心掛けてください。それが結果的に、目標設定の精度を高めることにもつながります。

練習を始めたら

練習中は「言い聞かせ」と「メモ」を欠かさない

●目標を自分に言い聞かせる

練習中は、事前に設定した目標に集中することが肝心です。例えば、今日の目標が「ボールの打ち出しが真っすぐになるようにする」であれば、焦点を当てるべきは「ボールの出だし」だけ。たとえスライスが出たとしても、気にすることなく「今日の目標」に集中しましょう。

せっかくの目標を、練習中に忘れていては意味がありません。忘れないようにするための良い方法があります。アドレスする前に「言い聞かせワード」を自分に語りかけるようにすれば良いのです。それを習慣化できると、その言葉が自動的に体の中に浸透して、良い方へとコントロールしてくれるようになります。

ここで注意点があります。一つ目は、「言い聞かせ」は必ずアドレス前に行うことです。アドレスしてから「言い聞かせ」を行うと、テークバックの始動に時間がかかり、力みの原因になるからです。

もう一つは、アドレスの前だけでなく、ショットの後にも「言い聞かせワード」を思い出してください。ショットの感触と「言い聞かせワード」をあらためて照合してみるのです。

これを繰り返していくと、本当に効き目がある「言い聞かせワード」、つまりソクラテスが説いた「大工の言葉」を見出すことができます。「大工の言葉」が見つかって、それを言い聞かせてからスウィングすれば、驚くようなショットが出るようになるはずです。

ショットのたびに独り言なんて、バカみたいだ、気味が悪いなどと思う方もいるかもしれません。この暗唱は大きな声を出してするということではなく、つぶやき程度で大丈夫です。自分が今日のテーマに集中できればいいのです。

●練習の成果・発見をメモする

練習中は1打1打が学習のチャンスです。ナイスショットはもちろん、ミスショットにも上達のヒントが隠れています。

それをムダにしないために、プレーの「成果・発見」を記録する習慣をつけましょう。重要な「成果・発見」を忘れないうちに、フィードバックシートに記入することが肝心です。

書き方は、キーワードでも、コメントでも、自分がわかりやすいものであればOKです。肝心なことは、その時の情景が目に浮かぶような言葉を書きとめておくことです。

「目標」ごとに、練習の「成果・発見」を記録する

[アドレス]	[ビジネスゾーン]
前傾姿勢を意識する	グリップの力みを抜く
頭が下がるときがある。アゴを直立時と同じ角度に維持すると猫背にならない	●グリップの力みは抜けた ●前傾姿勢を保持するとダフリが怖い!
[アプローチ]	**[マインドセット]**
ショットと同じアドレスで 距離感を掴む	前傾姿勢が取れたら 絶対大丈夫! 他は完璧!
アプローチもグリップに 力みがあるとダフる	トップスウィングの時、どうしても ダフリの恐怖心が出てしまう

練習が終わったら①

「目標」と「成果」を照合する

●練習を振り返り、要点を記録する

練習後、フィードバックシートに記入した「成果・発見」をもとに練習を総括します。

４つの視点ごとに記入した「成果・発見」のうち、とくに重要なものをフィードバックシートの下段の欄に記入しましょう。なお、４つ視点以外に重要な成果・発見があった場合も、下段の欄に記入します。

「成果・発見」は、次の目標のベースになります。きちんと振り返りをしていけば、次の目標は自然とレベルアップしていくのです。

ここまでで、フィードバックが１周したことになります。再び初めのプロセスに戻り、フィードバックを繰り返していきましょう。２周目以降は、「成果との照合」と「現状把握」が一体化していきます。

次の練習の目標は、練習が終えたとき、すぐに設定しておくことをおすすめします。ゴルフはフィーリングを大事にするスポーツです。そのときに感じたスウィングや打感、心理状態は時が経つとともに忘れていきますが、この要素はゴルフにとって非常に重要なことが含まれていることがあります。ですから練習が終わったら、その日のうちに、次の練習の目標を次のシートに書き込んでおきましょう。

これなら次の練習まで日が空いたとしても、今回の練習を次につなげやすいと思います。もちろん次の練習には必ず事前に目標を再確認して練習に臨みましょう。

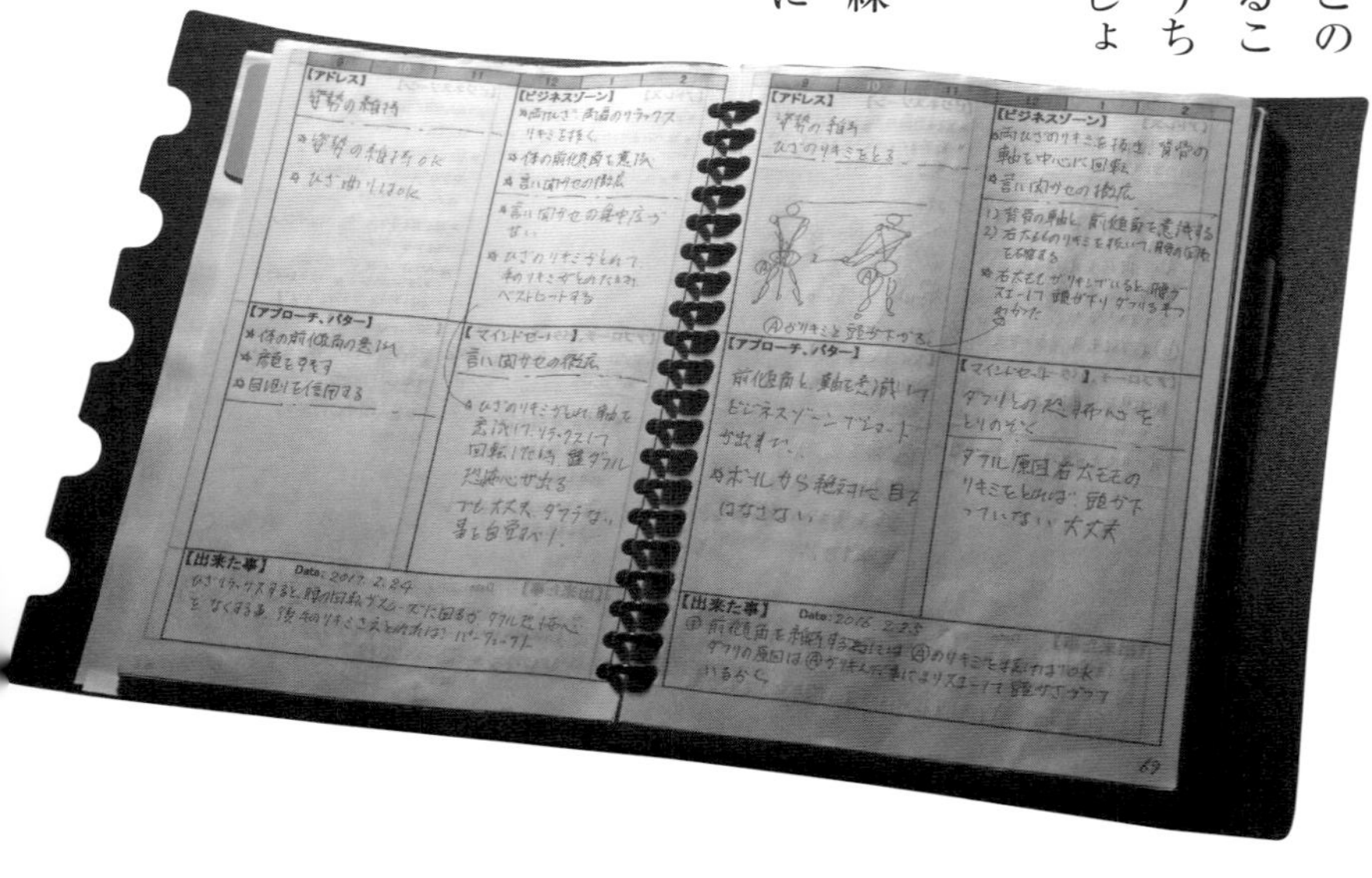

著者が使用したノート。言葉だけでなく、ときにはイラストを描き入れることもあった

「目標」と「成果」を照合する

「成果・発見」をもとに練習を総括する

[アドレス]	[ビジネスゾーン]
前傾姿勢を意識する	グリップの力みを抜く
頭が下がるときがある。アゴを直立時と同じ角度に維持すると猫背にならない	●グリップの力みは抜けた ●前傾姿勢を保持するとダフリが怖い!
[アプローチ]	**[マインドセット]**
ショットと同じアドレスで距離感を掴む	前傾姿勢が取れたら絶対大丈夫! 他は完璧!
アプローチもグリップに力みがあるとダフる	トップスウィングの時、どうしてもダフリの恐怖心が出てしまう

●グリップの力みはとれた。ヘッドが走り距離10%UP
●ダフリの恐怖心をとるために、言い聞かせワードを変更する
「失敗してもいい。練習でやり切っておこう!!」

練習が終わったら②

「セルフチェックリスト」を作成・更新する

●重要な成果・発見を「セルフチェックリスト」に転記

フィードックによる成果・発見のうち、とく重要なものをセルフチェックリストに転記しましょう。日付順に追記していき、ある程度たまってきたら整理するといいでしょう。内容が充実するほど、セルフチェックリストは頼もしい、あなただけの〝専属コーチ〟になっていきます。

●「セルフチェックリスト」で「核となる課題」を発見しよう

セルフチェックリストには、もう一つ重要な意味があります。それは、「核となる課題」を発見するツールになることです。セルフチェックリストを継続しているうちに、同じ種類のポイントが何度も現れてくると思います。実はこのポイントこそ、上達のカギをにぎる「核となる課題」なのです。

つまり、フィードバックを繰り返していけば、自然と「核となる課題」が見つかるということです。以降は、その見つかった目標を中心に練習を組み立てていけばいいのです。

【練習が終わったら】②
「セルフチェックリスト」を作成・更新する

何となく気になることはあるけれど、本当に「核となる課題」なのかどうか、判断がつかないという方もいるでしょう。そこは、あまり厳密に考えすぎなくてもOKです。「たぶん、これだろう」と思ったことを、ひとまず「核となる課題」として捉えましょう。仮に判断を一時的に〝間違った〟としても問題はありません。フィードバックを繰り返すうちに、違和感のあるものは淘汰されていき、そのうちに本当の「核となる課題」に自然と到達します。

次ページの表は私のセルフチェックリストです。色分けしてある文字は、同じ種類のポイントです。初期の段階から何度も現れていることがわかります。

この繰り返し現れるポイントをクリアすると、必ず大きな上達につながりました。これが私の「核となる課題」であり、一つは「アドレス（正しい前傾姿勢と重心位置）」、もう一つは「力みによる回転不足と手打ち」でした。

私が約半年で80を切れた理由は、セルフチェックリストでこの2つの課題を発見し、それをふまえた目標設定により、その課題をクリアできたからだとも言えます。

セルフチェックリストの例

日付	テーマ	ポイント
2016/8/27	バックスウィング	右臀部の力みで回転不足 ⇒ 手打ちの原因
2016/9/6	球筋	打ち出し右、更にスライス。 アドレスとインパクトの問題
2016/9/21	スウィング	足腰の力みで回転不足　温泉に浸かった気分
2016/9/21	スウィングプレーン	背骨を軸とした回転は、頭下がりの錯覚を呼ぶ　恐怖心との戦い
2016/10/9	スウィングプレーン	背骨を軸とした回転はスクェア。地面と水平回転は間違い
2016/10/17	アドレス	テイクバックで頭下がりは猫背のせい
2016/10/18	アドレス	グリップは目の真下
2016/10/23	ダフリ	テークバックで頭が下がる
2016/11/13	ダフリ	前傾姿勢が深すぎる
2016/11/20	ダウンスウィング	頭が下がる
2016/11/27	テークバック	ヘッドが前に出る癖あり ⇒ グリップの力み
2017/1/25	ダフリ	右肩の力みむと、トップで頭が下がる。力みを抜けばダフラない
2017/1/29	パター	目線とターゲッティングのズレ　違和感あり
2017/2/6	バックスウィング	ドライバーの回転量が少ない ⇒ 右肩の力み
2017/3/10	アドレス	アドレスで猫背。姿勢矯正要
2017/3/24	アドレス	姿勢矯正　直立時のアゴ角度を前傾でも維持
2017/7/26	アドレス	正しい重視位置と、正しい前傾のときグリップは目の真下
2017/7/28	アドレス	重心位置が正しいと、姿勢が良くなる
2017/10/28	スウィングプレーン	両脇を締めてテークバックするとオンザプレーン
2017/11/16	球筋	腰回転が大きくなるとドローボールになってくる
2018/1/2	アドレス	重心位置の見直し　拇指球の上）⇒ 前傾姿勢の保持
2018/1/5	スウィングプレーン	アウトサイドインになってきた。 球筋 左に出てスライス前傾姿勢の深すぎか?
2018/1/6	スウィングプレーン	距離が 10%落ちた。スウィングプレーンは OK 回転不足?
2018/1/8	手打ち	腰の回転不足による手打ち
2018/1/8	バックスウィング	腰回転を大きくすると距離は伸びるが、安定しない
2018/1/12	バックスウィング	再び言い聞かせ『温泉に浸かった気分』復活。回転量増える
2018/1/15	球筋	スライス ⇒ ドロー系　腰の回転量増加の影響か?
2018/1/24	アドレス	重心位置の見直し（土踏まずの上）ショット改善 グリップ位置が顔の真下になる
2018/1/30	バックスウィング	重心位置を変更したら、アドレス前傾も安定 腰回転を大きくしてもダフラない
2018/2/5	球筋	打ち出しが右に出る。アドレスチェックしたら修正できた
2018/2/14	アドレス	ボールの近くに立つ。怖がるな!
2018/2/19	ダウンスウィング	フックボールが出たら、右肩が突っ込んでいる 切り返しでは右肩はその位置でショット
2018/2/19	ビジネスゾーン	ダウンスウィングで右肩が動かないと、ヘッドが走る

「ゴルフでもビジネスでも「学びを楽しむ」のがドラッカー流

山口憲哉
48歳、塾講師。ゴルフ歴9年

私は、中学進学（おもに私立）を目指す子どもの学びに携わることを生業としています。簡単に言うと、算数の先生です。

受験のための指導ですが、単に知識を教えるだけではなく、子どもが自ら学べる（学び方を学ぶ）ようになることを理想としてきました。

そんな私がドラッカーに興味を持ったのは、この本の著者である飯田さんから「ゴルフの上達とドラッカーを結びつけてみたい」という話を聞いたからでした。

それまで、ドラッカーといえば「自己啓発」とか「成功する経営者になる方法」とか、そんなイメージしか持っていませんでした。

「ドラッカーでゴルフがうまくなる」とはいったいどんな理論なのか。驚くとともに、俄然興味が湧いてきたのです。

私が教えている子どもたちは、「何があった」→「それはどうして」→「次はどうする」という学びのサイクルを築き上げ、持続可能な学力を日々養っています。飯田さんの話を聞いて「算数もゴルフも同じでは？」と気づかされました。これが、ドラッカーを応用して真剣にゴルフを学んで（ゴルフの学び方を学んで）みようと思ったきっかけとなりました。

とりあえず目標は「80切り」としました。その手段はスウィングの質の改善です。子どもたちと同じように「何があった→それはどうして→次にどうする」という学びのサイクルをゴルフにも応用し、ノートに記入しながら実践してみました。

私が実践したのは、次のような内容です。

●打球結果を記録。
●スコアがくずれる原因を分析。
●スウィング動画をとって分析。
●コーチのアドバイスや有名プロコーチのＤＶＤをうのみにせず、自分なりの

ドラッカー実践コラム③

「理由・理論」を考える。
●絶対必要な動きだけ意識する。
●必要な動きを自分に「言い聞かせる」。
●ミスを続けないよう、振り返りを重視する。
●良いイメージを持ってから打つ。

新しく気づいたことはすぐにメモする。新しい仮説は実践してすぐに振り返る。それでも、やっていること、やろうとしたことを忘れてしまうので、ノートを何度も読み返すようにしました。

子供たちを指導するのとは違い、自分のこととなると甘えが出るし、言い訳が多くなる。それを克服することがもっとも重要なことのですが、ゴルフという趣味の分野で実践するのは難しいものです。

しかし、自分自身で記入したノートにはそれを克服する力があり、初志貫徹せよという励ましを何度ももらいました。

一つのことに妥協なく取り組み努力を惜しまない。その結果として起きる因果関係を楽しむ。「ゴルフ・マネジメント学習法」を実践してみて、これこそが「学びの楽しさ」であると強く再認識しました。

ゴルフでもビジネスでも、「学びを楽しめる」人にとって、これほど頼もしいツールはないと確信しています。

この章では私の実践例を紹介します。
目標の設定の仕方に注目しながら、
実践のイメージをつかんでください。

第5章 私はこうしてスコアアップしました！

実行の成果からのフィードバックがないかぎり、期待する成果を手に入れ続けることはできない。

『マネジメント』（ダイヤモンド社）P156より

実践例① 球筋の改善

当初、私の球筋は〝右に飛び出し、さらに右に曲がるスライスボール〟でした。この球筋が極端になると止めることができず、右ＯＢを連発。１１０～１２０をウロウロする大きな原因となっていました。

これを克服しなければとても「半年で80を切る」などということはできるはずがありません。そこで、自分のスウィングを次のように分析してみました。

●現状把握

ＯＢとなった球筋を振り返ってみたところ、ほとんどの場合、右に打ち出して、さらに大きく右に曲がるスライスになっていました。この要因を「球の打ち出し」と、「スライス」という二つの現象に分解して、それぞれ原因を考えました。

❶右への打ち出し
⬇分析　アドレスで、最初から右を向いている

❷左に出てからスライスするケースは少ない
⬇分析　スウィングが、アウトサイドインによる可能性は低い

●目標設定

４つの視点は、「アドレス」「肩腰ライン」「球筋」「マインドセット」としました。いず

実践例①
球筋の改善

れも正しいアドレスを行うための重要な動作です。そのうえで、次の目標を設定しました。

アドレス⬇球の後ろからターゲッティングしてからアドレスする

肩腰ライン⬇肩・腰のラインとターゲットが一致しているかチェック

球筋⬇打ち出しを真っすぐにする。途中からスライスしてもＯＫ！

マインドセット⬇「アドレスで、肩腰ラインをターゲッティング」

「マインドセット」には、他の３つ視点の「目標」を一言でイメージできる「言い聞かせワード」を据えています。この言葉を、アドレスする前にささやくと、自動的にスイッチが入ります。

●実践・成果との照合

今日の練習の目標は、正しいアドレスで打ち出しが真っすぐになるかをチェックすることです。ですから、途中からスライスが出ても、気にしないようにしました。ここが重要なポイントです。せっかく打ち出し方向が真っすぐになってきても、スライスに気をとられて、他のことを試しはじめてしまうと、本来のチェックができなくなってしまいます。

成果との照合

[アドレス]	[肩腰ライン]
球の後ろから ターゲッティングしてから アドレスする	肩腰ラインとターゲットが 一致してるかチェック （クラブを肩腰に当てて方向チェック）
ターゲッティングした方向と、 アドレスした時の方向に 違和感を感じた。	クラブフェースは目標と一致しているのに、肩腰ともに右方向に向いていた。よって、シャフトで肩腰ラインを確認してショットした

[球筋]	[マインドセット]
●打出しがストレートボール ●途中からスライスしてもOK	「アドレスで、肩腰ラインを ターゲッティング」
肩腰ラインを合わせてチェックしたショットは、右への打ち出しが少なくなった。相変わらずのスライス。でもOK!	これは有効！ 正しいアドレスができるまで、 しばらく続行！

アドレスのターゲッティング方向との違和感が少なくなってきた。肩腰ラインが合うと、ストレートになることがわかった。右打ち出しの原因はアドレスにあり！　これを維持して次はスライス撲滅

○○月○○日

実践例①

球筋の改善

目標設定

[アドレス] 球の後ろから ターゲッティングしてから アドレスする	[肩腰ライン] 肩腰ラインとターゲットが 一致してるかチェック （クラブを肩腰に当てて方向チェック）
[球筋] ●打出しがストレートボール ●途中からスライスしてもOK	[マインドセット] 「アドレスで、肩腰ラインを ターゲッティング」

実践例② スライスの解消

アドレスの修正によって、打ち出し方向が真っすぐになったので、次にスライスの修正に着手しました。

●現状把握

打ち出し方向は真っすぐになったのですが、途中から大きくスライスしてしまいます。左に打ち出してから、スライスするケースはほとんどありません。そこで次の3つについて考えてみました。

❶左に打ち出すことはない
⬇分析　アウトサイドインの可能性は低い
❷インパクトで、フェースが開いている
⬇分析　これがスライスの原因？
❸フェースが開くのはなぜか？
⬇分析　手打ち？　あるいは、腰の開きか？

●目標設定

テークバックからインパクトまで、クラブフェースがどんな動きをするのか観察するには、ビジネスゾーンという視点が最適です。よって新たな4つの視点は「アドレス」「ビジネスゾーン」「球筋」「マインドセット」としました。そのうえで、次の目標を設定しました。

アドレス⬇肩・腰のラインとターゲットが一致しているかチェック
ビジネスゾーン⬇アドレスからテークバックまで、グリップを握る力をゆるめる
球筋⬇ストレート&弱スライスを目指す
マインドセット⬇「グリップは赤ちゃんの手だよ！」

●実践・成果との照合

継続している練習テーマは、肩・腰のラインのターゲッティングの徹底です。

そして新たな練習テーマが二つ。どちらもスライスの原因を探るためのものです。一つはインパクトでフェースが開いていないかのチェック。そしてもう一つは、インパクトまで両手の力みを抜いたらどうなるかをチェックしました。

成果との照合

[アドレス]

肩腰ラインとターゲットが
一致してるかチェック

シャフトで方向チェック。
大分合ってきた！

[ビジネスゾーン]

アドレスからテークバックまで、
両手の力みを緩める

若干スライスは緩和されたが、
まだOBレベル。

[球筋]

ストレート&弱スライスを目指す

打出しはストレート率80%
スライスは依然大きい

[マインドセット]

「グリップは赤ちゃんの手だよ！」

効果なし！
スライスの主原因は他にあり！

アドレスは良くなってきた。スライスは改善に兆しなし。回転不足によるインパクトで腰の開き？　次は肩腰回転に焦点を当ててみよう！

○○月○○日

実践例②

スライスの解消

目標設定

[アドレス] 肩腰ラインとターゲットが 一致してるかチェック	[ビジネスゾーン] アドレスからテークバックまで、 両手の力みを緩める
[球筋] ストレート&弱スライスを目指す	[マインドセット] 「グリップは赤ちゃんの手だよ!」

実践例③ パターの上達

次に取り組んだ課題はパターです。当時の1ラウンドの平均パット数は40ストローク。3パットは1ラウンドで平均5回。スコアを縮めるには、パター上達が一番の近道だと考えました。目標は1ラウンド34ストロークとしました。

●現状把握

入らなかったパットのほとんどは、カップの右に外れていました。ここぞという場面では必要以上に力が入ってしまうこともわかりました。そこで次の3つを検討してみました。

❶ボールの横に立ってからラインを決めると、右に外れる
分析⬇ターゲッティングに問題あり
❷ボールの前に目印を設定してパットすると、アドレスしたとき違和感を覚え、左に外れる
分析⬇ターゲッティングに問題あり
❸ショットに時間がかかり、力む
分析⬇心理的迷い

●目標設定

パター上達のための練習の目的は、狙った方向と、打ち出し方向のズレの確認です。よ

実践例③
パターの上達

って4つの視点に「アドレス」「目の位置」「ラインの見方」「マインドセット」の4つとしました。そのうえで、次の目標を設定しました。

アドレス⬇違和感があったら再チェック
目の位置⬇ボールの真上に利き目を置く。顔を固定して、ターゲットを見る。打ち終わっても2秒、顔を動かさない
ラインの見方⬇ボールの真上から見たラインに違和感があったら、再ラインチェック
マインドセット⬇「違和感がなければ絶対に入る」

●実践・成果との照合

ボールの真上に利き目を置いて、そこからターゲットを見る方法が、もっとも正確だということがわかりました。また、違和感があるときはラインが間違っているのだということがわかりました。

成果との照合

[アドレス] ●違和感があったら再チェック 狙った方向と、ボールの前の目印方向との誤差があった。これが違和感の原因だった	**[目の位置]** ●ボールの真上に利き目を置く ●顔を固定して、ターゲットを見る ●打ち終っても2秒顔を動かさない ボールの真上に利き目を置いて、そこからカップ方向を見る方法が、一番正確だった
[ラインの見方] ボールの真上から見たラインに違和感があったら、再ラインチェック 違和感を感じたら、それはラインが間違っているということが分かった	**[マインドセット]** 「違和感がなければ絶対に入る」 狙った位置に、ボールを送り出す感じが効果的。言い聞かせワードは「ボールを送り出しましょう!」に変更

ボールの見方、ターゲッティングの仕方は繋がっていることを実感。最終的には、ボールの真上に利き目を置いたターゲッティングが一番信用できると思う。

○○月○○日

実践例③

パターの上達

目標設定

[アドレス]	[目の位置]
●違和感があったら再チェック	●ボールの真上に利き目を置く ●顔を固定して、ターゲットを見る ●打ち終っても2秒顔を動かさない

[ラインの見方]	[マインドセット]
ボールの真上から見たラインに違和感があったら、再ラインチェック	「違和感がなければ 絶対に入る」

第⑤章
私はこうしてスコアアップしました！

最後の章では、私がドラッカーを学び、
そのエッセンスをゴルフの学習に活かそうと考えた理由と、
「ゴルフ・マネジメント学習法」が完成するまでの
プロセスを紹介いたしましょう。
私の体験が、皆さんのゴルフ上達に役立つことを願っています。

第6章 「ゴルフで覚えるドラッカー」は、なぜできたのか

成果をあげるための秘訣を一つだけあげるならば、それは集中である。成果をあげる人は、もっとも重要なことから始め、しかも、一度に一つのことしかしない。

『プロフェッショナルの条件』（ダイヤモンド社）P137より

100が切れなかった私のゴルフキャリア

25歳からゴルフを始め、上手い人に教えてもらったりレッスンを受けたり、色々なレッスン本を読んで試していましたが、なかなか100を切ることができませんでした。

中でも最悪だったのは、とある練習場で15分1000円のレッスンを受けたときのことです。そのインストラクターは私にこんなことをアドバイスしてきました。

「飯田さんは酷いオーバースウィングと、手打ちです。まずこれを直さないと上手くなれません」

「はぁ……。そうなんですか？　どうすればいいんでしょうか？」

「テークバックのとき、右ひざが外に流れないようにしっかりロックをかけるんです。トップのとき、右足の親指に体重を感じるようにしてください」

「でもそうすると、腰や肩の回転ができないような気がするのですが……。距離も落ちてしまいますし……。」

「大丈夫。慣れれば肩は自然に回るようになりますから、続けてやってください」

このアドバイスを信じてレッスンを受け続けて、練習に励みました。その結果私はどうなったのか？

100が切れなかった私のゴルフキャリア

ガチガチに右ひざを固め、無理やり肩を回転させて打つようになってしまいました。そうです！　かなり重症な手打ちスウィングの完成です。当然、どんどん飛距離が落ちていきました。

この〝レッスンの呪縛〟は、完全に体に染み付き、このあと30年以上も引きずることになったのです。

途中、ゴルフスクールにも通いましたが、そのスクールのインストラクターから指摘を受けたことは「手打ちの改善のためグリップを柔らかく握りましょう」のひと言でした。これも一生懸命練習したのですが、一向に改善されず、「まぁ、俺にはゴルフの才能がないから仕方ないかぁ」と〝おふざけゴルフ〟を楽しむようになっていきました。

そんな中、仕事で活かしていたドラッカーを「ゴルフに応用したらどうなるんだろう？」と思いついたことが、その後の私のゴルフ人生を大きく変えることになりました。

ゴルフをマネジメントして何がわかったのか？

それは今の自分のゴルフにおいて最も重要なこと、つまり「核となる課題」の発見でした。あとはその「核となる課題」を解決すれば良い結果がでることは、これまでに述べたとおりです。

多くのゴルファーは、他人のアドバイスをうのみにして練習をしていると思います。でも最初はうのみでもいいのですが、やはり結果を分析して、次の目標設定につなげていかないと成果はあがりません。私のように何十年も〝レッスンの呪縛〟に囚われて上達することができなくなってしまいます。

今思えば、もっと早くこのことに気づいていれば、20代で80を切れたかもしれません。

うーん　残念！

ビジネスのマネジメントとゴルフのマネジメントの違い

そもそも私は会社員ですから、ゴルフのマネジメントよりも、ビジネスのマネジメントのほうが本職です。ささやかながらビジネスでの成功体験が先にあったからこそ、ゴルフへの応用がスムーズにできたのだと思います。

もちろん、ビジネスとゴルフではマネジメントの対象が異なります。ビジネスでは、個人のセルフマネジメントと、チームマネジメントを連動させて成果をあげなければなりません。

そのため、リーダー自身がいくら努力し、綿密な計画を立てたとしても、チームのメンバーが動かなければ成果はあがらないのです。また、いかに優秀なリーダーといえど、人間と人間には相性というものもあります。

これに対してゴルフは、個人のスポーツです。成果をあげるために、自分以外の要因が絡むことはほとんどありません。つまりセルフマネジメントをしっかりやれば必ず上達できるのです。

ここでいうセルフマネジメントとは、「現状把握」→「目標設定」→「実践」→「成果との照合」の繰り返しです。

上達のためにやることは、これしかありません。これぞドラッカーの真髄です。

「ゴルフ・マネジメント学習法」を始めたころ

まずは4つの視点の設定から始めました。当時の私は、レッスン本やYoutube動画から得た断片的な知識に頼っていましたので、あらためてゴルフの基本を4つの視点として据え、練習に取り組むことにしました。

1番目の視点は「アドレス」です。

これは言うまでもなく、ここを外したらまともなスウィングができないからです。

2番目の視点は「ビジネスゾーン」です。

インパクト前後の左右の腰の位置までのクラブの動きが重要であることは、知識としてはあったものの、あまり実感を伴うものではありませんでした。そこで、ひとまず2つ目の視点として据えることで、検証してみようと思ったのです。

3番目と4番目の視点については、開始当初から現在にいたるまで、試行錯誤を繰り返してきました。私の場合、1番目の「アドレス」、2番目の「ビジネスゾーン」の重要度が高く、これらは定点観測を続けることになりましたが、3番目は練習のたびに変化していく「フリースペース」のような使い方になっています。

そして、4番目の視点は「マインドセット」です。

マインドセットとは、簡単に言えば心の準備のこと。「今日の練習では何に集中すべきなのか？」を自覚することの大切さを、日々の練習を通じて実感した結果、4番目は「マインドセット」に定着しました。

ゴルフにおいて、練習で成果があがったことを再現するのに大事なのは〝イメージ〟です。うまくいったことは、いろいろな要素が絡み合った結果ですが、理屈ではうまく説明できないことがあります。こうしたケースでは、そのときに感じたことや、何気なく発した〝独り言〟を「マインドセット」として記録しておくと、それが次の練習前の心構えに重要な役割を果たします。

つまり「言い聞かせワード」です。私の「言い聞かせワード」はほとんどマインドセットに書き込んだことや、ショットの中で呟いた〝独り言〟ばかりです。でも、これはその場で書き込んで置かないと、人はすぐに忘れてしまうので、私は練習場で書き込むようにしていました。

片山右京さんがF1ドライバーだったとき、グリッドに入った瞬間に集中力を高められる自分だけのイメージを持っておられたと本書のコラムのなかで語っていますが、これに近いものです。

以上のように気楽に始めたのですが、フィードバックを続けていくうちに面白い事に気づきました。二カ月目に入って、改めて練習記録を振り返ってみると、過去に一度は解決したはずの「課題」が再び手帳に現れていたのです。

私の場合は〝腰の力み〟〝右肩の力みと前に被る〟でした。このことが後々凄く大事なことだと気づかされることになります。

上達したキッカケって、どんなこと？

「ゴルフ・マネジメント学習法」を始めて三カ月間は、相変わらず100から110をウロウロしていました。でも練習は全然辛くなく、むしろ楽しいものに変っていました。それは以前と違って、毎回、目標を立てて実践すると必ず何らかの変化と結果が見えたからです。

あとでわかったことですが、このときすでに目標の中に何回も現れていた「腰の力み」「右肩の力みと前に被る」、これこそが私の「核となる課題」だったのです。ただ「核となる課題」の解決は、そのときの上達度合いによって現れる結果が違ってくるので、スコアがよくなるまでには時間がかかりました。例えば「右肩が前に被る」という課題に対して、平均スコアが110の人と90の人では、やることも結果も違います。

110の人が「絶対に切り返しで右肩を前に出さない」と言い聞かせると、恐らく〝力み〟が伴います。90の人が「切り返しは、右肩をそこに置いておけ——」と言い聞かせるのとでは、現れる結果のレベルが違ってきます。

大事なことは「核となる課題」を見つけたら、ぶれずにやり続けることです。私の場合は6カ月間やり続けてわかった「核となる課題」は次のようになりました。

●切り返し
●腰の力み
●右肩の力み
●右肩が前に被る

この「核となる課題」の解決法が、「下半身だけ温泉に浸かってるぅー」という「言い聞かせ」でした。

この言葉は他の人から見れば「え？　たったそれだけのこと？」と思われるかもしれませんが、この言葉の中には腰から右肩にかけていっきにリラックスできるイメージが入っていて、以降右肩が前に被ることはほとんどなくなりました。「言い聞かせワード」とは、その人だけに通じる魔法の言葉なのです。

もう一つ大きな要因があります。それはセルフチェックリストです。

ゴルフには必ずミスが伴います。問題はミスした後です。次のショットで、そのミスに対して過去の経験に基づいた解決策を瞬時に引き出せるかどうかが、ミス連発の重要なキーになります。

私は日々の練習中にミスショットしたとき、改善に有効だった手段を手帳に記録していました。一定期間後、それらを抜粋してセルフチェックリストに転記し、ラウンドするときは持ち歩いていました。

これがあったお蔭で、いつでも自分が戻れる場所ができ、ラウンドで心が折れることがほとんどなくなりました。これも80切りに大きく貢献したことは間違いないと確信しています。

成果をあげるためにはマネジメントが必要になる

ちょっとだけビジネスのお話をします。

私は2008年からビジネスマネジメントにドラッカーを取り入れ、実践してきました。部下一人ひとりの〝やったこと〟〝できたこと〟を事細かに記録し、それを次の目標の設定につなげることで、成果を生み出してきました。そうです。これまでお話ししてきた「ゴルフ・マネジメント学習法」とほとんど同じです。

日々、部下から上がってくる報告や、顧客ごとの情報、現場で見聞した情報を、独自のノート（Flag Ship Note と名付けました。特許 No.5783622）に記録してマネジメントしていました。

毎日、何度もこのノートを俯瞰して、業績につながる「核となる課題」と部下の「強み」の発見に努め、市場の変化やイノベーションの種を求めて現場に出向いていました。その結果、様々な成果があがったのです。新しい市場の発見や、キャッシュの流れさえ解決できれば拡販が見込める市場を見出して、その課題の解決を目指すことで、売上につなげることができました。

「核となる課題」は多面的な視点で現場を見聞きして、丹念に変化を観察しなければ見つけることはできません。しかも、それはいろいろな場面で何度も現れて消えていく課題です。皆さんもご自分の仕事を振り返ってみると、同じような経験があるのではないでしょうか？

つまり成果創出を目指すことなら、仕事でも、学習でも、スポーツでも、フィードバックを行って「核となる課題」を見出した後、「核となる課題」に焦点を当てて解決を図ることは、すべて同じなのです。

本書では「核となる課題」の解決法を、「言い聞かせワード」として自分自身に言い聞かせることを推奨しています。一方、私はビジネスにおいて、部門方針に対する自分の考えや戦略を〝大工の言葉〟に替えて部員に幾度も伝えてきました。それをすることで部員との間に理解・共感が生まれるからです。つまり〝大工の言葉〟は、セルフマネジメントでは自分自身と、チームマネジメントでは部員との間に理解・共感を得る言葉になるのです。

一般的にドラッカーのマネジメントは企業経営の分野でよく知られていますが、本質的には「成果をあげるための方法」であり、「個人や組織が成長するための方法」ともいえます。これこそが、ドラッカー研究者としての私の最大の研究テーマです。現在、私は「ゴルフ・マネジメント学習法」のエッセンスである「核となる課題」のさらなる究明を進めています。ゴルフ以外のあらゆることで「成果をあげる」ためには、「核となる課題」をどうマネジメントしていくべきか?」。私はこの研究プロジェクトを「ＣｉＭ（Core issues Management）」と名付け、様々なスポーツや学習などに応用できる、より普遍的なメソッドへと昇華させていくつもりです。

とはいえ、「ゴルフ・マネジメント学習法」を体得した皆さんであれば、他の分野への応用は容易なはずです。もしかしたら、私より先に「ＣｉＭ」の本質に到達してしまうかもしれません。ぜひ、現在皆さんが取り組んでいる様々なことに取り入れてみてください。

本書がきっかけとなって、皆さんが大きな成果を手にすることを切に願っております。

【あとがきに代えて】

本書の執筆前、私は定年を三年前に控え、仕事ではなく自分自身の生活の中で、ドラッカーのマネジメントを活かせないかと考えていました。でも、いざ何かやろうとしても、それほど簡単に見つかるものでもありません。

そんな感じでずるずると過ごしていたとき、幸運にもドラッカー学会理事の井坂康志氏の『自らをマネジメントする ドラッカー流「フィードバック」手帳』(かんき出版)と出会い、これをゴルフに応用することを思いつきました。

このアイデアを、著者の井坂氏と編集者の石川実氏に相談したところ、「飯田さん、それ絶対に面白い。どこかの出版社に持ち込んだらどうですか」と背中を押してくれたのです。幸いにも知人の紹介でゴルフダイジェスト社　出版部の近藤部長、江間チーフと面談することができ、この企画をお話したところ「この企画は面白い！　ぜひ進めましょう。ただし飯田さんがこのメソッドで80を切ることができればの話ですが、どうですか？」と問われ、なんと私は「やります！」と即答してしまいました。

今だから正直に言います。このとき私が考えていたことは、ゴルフダイジェスト社にモニターを紹介して頂き、指導していくつもりでした。まさか自分が被験者になるとは、まったく考えもしていませんでした。近藤部長、江間チーフ、本当にごめんなさい！

考えてみれば当然の話です。ゴルフに何の実績もない私が、厚かましくも出版社に企画を持ち込み、誰かにモニターをやってもらおうなど、還暦の大人が考えることではありません。厚顔無恥も甚だしいことです。

当時110前後のスコアだった私が「80切り」という高いハードルを求められたとき、普通なら心折れて諦めていたかもしれません。しかし、そのときなぜか〝やれる〟と直感したのです。それはビジネスでの成功体験があったからかもしれません。

想定以上の〝半年〟という短期間で80を切る事ができましたが、実は本当に大変だったのはここからだったのです。それは書籍として人に読んで頂く文章など書いたことがなく、執筆作業がこんなに苦行だとは夢にも思いませんでした。それは私にとって80を切るより、もっとハードルが高いものでしたが、井坂氏、石川氏、ゴルフダイジェストの皆さんの助けを頂きながら、なんとか二年半後に出版することができました。人生とは何が起きるかわからないものです。

さて、本当にお話ししたいことはここからなのです。

きっと皆さんも周りを見渡すと同じようなことがあるのではないでしょうか。皆さんは何がしかのプロフェッショナルとしてお仕事をされていると思います。ご自分のやり切った仕事を振り返って俯瞰してみると、それまでの学びや実践のなかに、他のことに活かせるものがきっとあるはずです。

その結果、誰も気づかなかった新たな価値を生み出せるかもしれません。それこそがイノベーション。イノベーションは意外に足元にあるのです。

あとがきに代えて

これから高齢化が進み、私のような高齢者が増えてきますが、イノベーションに年齢や立場など関係ありません。皆さんが学び、実践してきたことを活かしてイノベーションを生み出せば、現役だってリタイヤ組だって、社会に貢献できる楽しい人生があるに決まっています。

皆さんも、もし本書でドラッカーのエッセンスを体得できたら、それをいろいろなことに活かし、イノベーションを起こしてみてください。そうすれば日本中、元気な人が増えていくはずです。

これまで関わって頂いた方々には、心より御礼申し上げます。

２０１８年６月

飯田利男

【ご協力頂いた方々】

明治大学　法学部教授　阪井　和男　氏
ドラッカー学会　理事　井坂　康志　氏
KATAYAMA Planning　代表取締役社長　片山　右京　氏
塾講師　山口　憲哉　氏
リフィル・コミュニケーションズ㈱　代表取締役　石川　実　氏
ボローニャ麹町ゴルフ倶楽部　支配人　江口　寿和　氏
舟引　美咲　氏

【参考文献】

マネジメント【エッセンシャル版】基本と原則（ダイヤモンド社）
P・F・ドラッカー／上田惇生 翻訳 ２０１０年　第34刷

プロフェッショナルの条件　いかに成果をあげ成長するか（ダイヤモンド社）
P・F・ドラッカー／上田惇生 編訳 ２０１７年　第65刷

自らをマネジメントする ドラッカー流「フィードバック」手帳（かんき出版）
井坂康志、フィードバック手帳研究会　２０１６年

無意識と対話し、無意識を利用する

井坂康志（ドラッカー学会理事）

ある原稿を書いていたとき、全体像がぼやけていて気持ちがわるいので、いいたいことを樹にしてみたら霧が晴れたようにすっきりしました。成果を実に見立てたとき、何が幹で、何が根なのかを考えてみるという方法です。描いてみて思ったのですが、やはり根（あるいは地下茎）の部分が圧倒的に深くて複雑で巨大な部分を占めているのですね。

ドラッカーは地下の部分と一貫して対話し続けた人でもあって、アメリカでマネジメントについての書き手として活躍するなかでも、自分自身の根をなす来歴との対話を続けていたふしがあります。

けれども、考えてみれば（考えてみなくてもそうなのですが）、根にあたる部分は誰にでもあります。もちろん私にもありますし、どなたにもあります。子供時代をもたない人はいません。誰にだって赤ん坊だった時代や、中学生だった時代があります。あるいは誰にでも両親がいて、ご先祖がいます。あたり前のことです。

むしろ、私たちの現在は順番からいえば、根の方、つまり子供時代や両親や先祖が先にあって、それらに養われた結果にほかならないからです。いや、むしろ幹や枝、葉や実は、根の一部あるいは拡張物にすぎない。

私は想像してみるのですが、きっと根の部分は、見きわめがたいほどに深くて複雑で、しかもいろんなものとつながっているのではないでしょうか。個人の無意識はもちろん、太古の人類の歴史みたいなユング的な無意識の世界ともつながっているに違いない。自分の中に自分でも知らない世界があると考えると、わくわくしてきます。

そして——ここからがだいじなのです——私はドラッカーの発言の多くは、この部分を重要な資源としてとても慎重に扱っているように感じるのです。すなわち、根や地下をなす部分と日々対話して、「見えないところ」が潤沢に備給してくれるエネルギーにリーチするにはどうしたらいいかという主題です。

この問いに対する答え、つまり無意識と対話するための手法としても、ドラッカーのフィードバックは役に立ちます。私自身もフィードバックをしばらく行っているのですが、無意識と対話している不思議な感覚にとらわれます。自分の中にいる知らない自分と語り合っている感覚です。聞けば聞くほどいろいろなことを教えてくれるものです。あるいは気づいたときには、いつのまにか課題が解決していることさえあります。

無意識との対話を自覚的かつ意識的に行うことで、知られざる自分にリーチできるようになります。知らなかった能力が活性化します。仕事やスポーツ、本書のテーマであるゴルフの練習にも応用できるでしょう。

ドラッカーは、生涯を通じて自学自習を続けました。フィードバックは、偉大な賢者が自ら実践していた学びのメカニズムであり、彼自身もその効果に驚かされています。この驚きを、一人でも多くの方に体感していただきたい。

ドラッカー思想の最大の焦点は、それらが実践に適用され、成果をあげうるかというところにあります。ゴルフをきっかけに、皆様の仕事そして人生に、ドラッカーの叡知を役立てていただけることを願っております。

飯田利男

1957年　愛知県名古屋市で生まれる
1980年　カヤバ　エンジニアリング＆サービス入社（現 KYB　ES㈱
2003年　KYB㈱に転籍　海外市販営業部、広報部　専任部長
2011年　KYB ES㈱　海外営業部　部長
2014年　ドラッカー学会 会員
2015年　渋沢ドラッカー研究会 会員
2016年　明治大学 サービス創新研究所 客員研究員

著者 facebook

ドラッカー研究者。KYB-ES（株）、KYB（株）で自動車部品・油圧部品の営業と、本社広報を歴任。2011年から海外営業部の部長として、グローバル拡販に大きく貢献。実践を通じて体得したマネジメント・メソッドの体系化を目指し、2014年にドラッカー学会へ入会。2016年以降は、明治大学サービス創新研究所客員研究員としても活動。各所で講演やプレゼンテーションを精力的に行っている。趣味はロードバイクとワイン。イタリアのカンティーナに泊まり、一人で飲み歩くのが生きがい。

ゴルフで覚える
ドラッカー

2018年7月30日　初版発行

著　　者　飯田利男
発 行 者　木村玄一
発 行 所　ゴルフダイジェスト社
〒105-8670　東京都港区新橋 6-18-5
TEL 03-3432-4411（代表）　03-3431-3060（販売）
email：gbook@golf-digest.co.jp
URL：http://www.golf-digest.co.jp/digest
書籍販売サイト「ゴルフポケット」で検索

デ ザ イ ン　スタジオパトリ
印刷・製本　株式会社 光邦

定価はカバーに表記してあります。乱丁・落丁の本がございましたら、小社販売部までお送りください。送料小社負担でお取り替えいたします。

Ⓒ Toshio Iida Printed in Japan
ISBN978-4-7728-4179-5 C0034